Повышение безопасности и прозрачности в управлении критически важными минералами в Центральной Азии

OECD
ЛУЧШАЯ ПОЛИТИКА ДЛЯ ЛУЧШЕЙ ЖИЗНИ

Данная работа публикуется под ответственность Генерального Секретаря ОЭСР. Высказанные мнения и аргументы, приведенные в настоящем документе, не обязательно отражают официальные взгляды стран – членов ОЭСР.

Данный материал подготовлен при финансовой поддержке правительства Великобритании для международного развития. Мнения, выраженные в данном материале, не обязательно отражают официальную точку зрения правительства Великобритании.

Настоящий документ и любые содержащиеся в нем данные и карты носят непредвзятый характер в отношении статуса и суверенитета территорий, определения государственных границ и разделительных линий, а также наименований территорий, городов и областей.

Статистические данные по Израилю предоставлены компетентными израильскими органами под их ответственность. Использование ОЭСР этих данных не является отражением предвзятого отношения к статусу Голанских высот, Восточного Иерусалима и израильских поселений на Западном берегу реки Иордан в соответствии с положениями международного права.

Примечание Турецкой Республики
Информация, содержащаяся в настоящем документе применительно к Кипру, относится к южной части острова. На острове отсутствует единый орган власти, представляющий как турецкое, так и греко-кипритское население. Турецкая Республика Северного Кипра (ТРСК) признается Турцией. До тех пор пока не будет найдено долгосрочное и справедливое решение в рамках ООН, Турция должна придерживаться своей позиции относительно кипрского вопроса.

Примечание всех стран – членов Европейского союза, являющихся членами ОЭСР
Республика Кипр признается всеми членами Организации Объединенных Наций, за исключением Турции. Информация в настоящем документе относится к территории, которая находится под фактическим контролем правительства Республики Кипр.

Косово*: Настоящее обозначение не ограничивает смысл положений в отношении статуса и соответствует Резолюции Совета Безопасности ООН 1244/99 и Консультативному заключению Международного суда ООН о провозглашении независимости Косово.

При цитировании просьба ссылаться на настоящую публикацию:
OECD (2026), *Повышение безопасности и прозрачности в управлении критически важными минералами в Центральной Азии*, OECD Publishing, Paris, https://doi.org/10.1787/a23a9107-ru.

ISBN 978-92-64-55716-1 (Печатное издание)
ISBN 978-92-64-62393-4 (PDF)
ISBN 978-92-64-64896-8 (HTML)

Сведения об авторах фотографий: Обложка © LaPorteTalamonCeleste.

Исправления в публикациях ОЭСР можно найти по адресу: https://www.oecd.org/en/publications/support/corrigenda.html.

Предисловие

В последние годы ОЭСР сформировала значительный массив материалов по вопросам критически важных минералов в рамках **Инициативы ОЭСР по критически важным минералам для устойчивого роста и развития**, направленной на продвижение безопасных, прозрачных и инклюзивных цепочек поставок минерального сырья. Данная работа объединяет экспертные знания ОЭСР в области торговли, инвестиций, стандартов ESG, политики развития и рамок устойчивого развития с целью укрепления стойкости цепочек поставок при одновременной поддержке стран, участвующих в добыче и переработке минералов. Она является ответом на растущий глобальный спрос на критически важные минералы (КВМ), который вновь привлек внимание к регионам с существенным ресурсным потенциалом. В этом контексте процессы, происходящие в Центральной Азии и за ее пределами, подчеркнули стратегическое значение региона и необходимость разработки комплексных стратегий развития горнодобывающего сектора, обеспечивающих устойчивый и ответственный рост.

Казахстан, Кыргызская Республика и Узбекистан заняли особое место в данной динамично развивающейся среде. В 2025 году при поддержке Министерства иностранных дел, по делам Содружества и развития Соединенного Королевства (FCDO), в рамках межведомственного Объединенного фонда безопасности Великобритании, ОЭСР инициировала диалог высокого уровня по вопросам критически важных сырьевых материалов со странами Центральной Азии, дополненный углубленными техническими семинарами, направленными на укрепление рамочных условий развития КВМ в Казахстане, Кыргызской Республике и Узбекистане.

ОЭСР провела специфичные для этих стран семинары во всех трех странах, сопровождавшиеся консультациями с профильными министерствами и отдельной министерской сессией, состоявшейся в ходе Евразийской недели ОЭСР в феврале 2026 года. В рамках проекта анализ был сосредоточен на трех ключевых направлениях государственной политики: ответственное ведение бизнеса (ОВБ), управление экологическими рисками и налоговая политика, а также включал вопросы расширения прав и возможностей женщин, актуальные для горнодобывающего сектора. Работа опиралась на существующие экспертные знания ОЭСР в данных областях, и на материалы, собранные в ходе исследований и взаимодействия на уровне стран.

Отчет представляет региональный обзор горнодобывающего сектора в Центральной Азии и содержит выводы ОЭСР и практические рекомендации в области управления экологическими рисками, ответственного ведения бизнеса (ОВБ) и налоговой политики в Казахстане, Кыргызской Республике и Узбекистане. Отчет предназначен для поддержки разработчиков политики, представителей бизнеса и партнеров по развитию, стремящихся содействовать формированию устойчивого, ответственного и конкурентоспособного сектора КВМ в регионе.

Благодарность

Настоящий отчет был подготовлен Евразийским подразделением Директората ОЭСР по глобальным связям и сотрудничеству (GRC) под общим руководством г-на Андреаса Шааля, директора, и г-на Карима Даху, заместителя директора Директората ОЭСР по глобальным связям и сотрудничеству, при методическом руководстве г-на Уильяма Томпсона, руководителя отдела ОЭСР по Евразии. Надзор за подготовкой отчета осуществлял г-н Грегори Лекомт, старший аналитик по вопросам политик и руководитель подразделения по Центральной Азии, координацию обеспечивала г-жа Селест Лапорт Таламон, экономический аналитик отдела ОЭСР по Евразии.

Ведущими авторами отчета являются г-н Егор Полищук и г-жа Мариам Чхиквадзе, экономические аналитики отдела ОЭСР по Евразии, при методическом руководстве и существенной аналитической поддержке со стороны г-жи Селест Лапорт Таламон. Глава «Управление экологическими рисками в секторе КВМ» получила значительный аналитический вклад, участие в подготовке текста и экспертную оценку со стороны г-жи Пелин Атамер, старшего экономического аналитика и руководителя подразделения по устойчивой инфраструктуре и зеленому росту Директората ОЭСР по глобальным связям и сотрудничеству, а также методическую поддержку и рецензирование со стороны г-на Гая Халперна, экономического аналитика Директората ОЭСР по окружающей среде. Г-н Бенджамин Кац, ведущий секторный аналитик Центра ОЭСР по ответственному ведению бизнеса , г-н Лука Майотти и г-н Андрес Апонте, аналитики по вопросам политик Центра ОЭСР по ответственному ведению бизнеса, предоставили методические рекомендации и аналитические материалы для главы «Продвижение стандартов ответственного ведения бизнеса (ОВБ) в цепочках поставок минерального сырья». Глава «Фискальные риски и вызовы налоговой политики в секторе КВМ Центральной Азии» была подготовлена г-ном Томашем Балко и г-ном Эндрю Виолой, старшими советниками Центра ОЭСР по налоговой политике и администрированию (CTP), г-жой Джессикой Рэнкин-Диксон, младшим советником Центра ОЭСР по налоговой политике и администрированию (CTP), а также г-ном Николасом Длузняком, экспертом программы «Налоговые инспекторы без границ» (TIWB). Впоследствии данная глава была доработана и интегрирована в настоящий отчет командой Евразийского подразделения ОЭСР. Г-жа Анна Чахтахтински, программный администратор, г-жа Йоланта Хмелик, советник по управлению ресурсами, и г-жа Элиса Ларракоэчеа, администратор проекта в отделе ОЭСР по Евразии, обеспечили неизменную административную, логистическую и редакционную поддержку.

Реализация проекта была бы невозможна без постоянной поддержки и диалога с представителями государственных органов, частного сектора, бизнес-ассоциаций и гражданского общества, партнеров по развитию и других заинтересованных сторон по всему региону.

В Казахстане ОЭСР выражает особую признательность Министерству промышленности и строительства и Министерству национальной экономики, в особенности г-ну Сайрану Байжаханову, представителю Министерства промышленности и строительства Казахстана при ЕС. Г-н Алмаз Аширов, менеджер по связям с инвесторами компании Dala Resources LLC, предоставил полезные комментарии к проекту отчета. В Кыргызской Республике выражается благодарность Министерству экономики и коммерции, Министерству природных ресурсов, экологии и технического надзора, г-ну

Аркадию Рогальскому, независимому консультанту, и г-ну Азамату Акенееву, местному консультанту ОЭСР; в Узбекистане – Министерству горнодобывающей промышленности и геологии, в частности г-же Ферузе Хамидовой, первому заместителю министра, г-ну Кухинуру Шукуржонову, начальнику управления стратегического развития и привлечения грантов, а также Министерству инвестиций, промышленности и торговли.

ОЭСР также выражает благодарность посольствам стран Центральной Азии в Париже за поддержку на протяжении всего проекта, в частности г-ну Аскару Абдрахманову, Послу и Постоянному представителю Республики Казахстан при международных организациях в Париже; г-ну Руслану Бекболотову, Первому секретарю Посольства Кыргызской Республики во Франции; и г-ну Суннатилло Тиллоеву, Первому секретарю Посольства Республики Узбекистан во Франции.

Настоящий отчет был существенно улучшен благодаря многочисленным комментариям и рецензиям коллег из ОЭСР. Мы выражаем признательность за вклад и экспертную оценку, предоставленные г-ном Луи Марешалем, старшим аналитиком по вопросам политик Центра ОЭСР по ответственному ведению бизнеса (ОВБ).

В завершение ОЭСР выражает благодарность Министерству иностранных дел, по делам Содружества и развития Соединенного Королевства (FCDO) за финансовую поддержку. В частности, ОЭСР хотела бы поблагодарить г-жу Салли Аксворти, Посла Соединенного Королевства в Казахстане, г-на Николаса Боулера, Посла Соединенного Королевства в Кыргызской Республике, и г-на Тимоти Смарта, Посла Соединенного Королевства в Узбекистане. ОЭСР также выражает особую признательность г-ну Яшу Чандре, руководителю Центральноазиатской программы – Объединенный фонд безопасности и Первому секретарю Посольства Великобритании в Душанбе, г-ну Чарли Моррису, советнику по экономическому развитию по Центральной Азии, и г-ну Умеду Рахмонову, менеджеру региональной программы в Группе по развитию и программам по Центральной Азии FCDO Соединенного Королевства, за их постоянную поддержку и приверженность проекту.

Оглавление

Рисунки

Вставки

Аббревиатуры, акронимы и устойчивые выражения

АБР	Азиатский банк развития
АГМК	Алмалыкский горно-металлургический комбинат
ВВП	Валовой внутренний продукт
ГКЗ	Государственная комиссия по запасам полезных ископаемых (Россия)
ГП	Государственное предприятие
ГЧП	Государственно-частное партнерство
ДРК	Демократическая Республика Конго
ЕБРР	Европейский банк реконструкции и развития
ЕИБ	Европейский инвестиционный банк
ЕЭК ООН	Европейская экономическая комиссия Организации Объединенных Наций
ЕС	Европейский союз
ИЗВ	Индекс загрязнения воды
ИПДО	Инициатива прозрачности добывающих отраслей
КВМ	Критически важные минералы
кВт	Киловатт-час
КСО	Корпоративная социальная ответственность
МНП	Многонациональное предприятие
МСФО	Международные стандарты финансовой отчетности
МОТ	Международная организация труда
МЭА	Международное энергетическое агентство
НГМК	Навоийский горно-металлургический комбинат
НГС	Национальная геологическая служба Казахстана
НКЦ	Национальный контактный центр по вопросам ответственного ведения бизнеса
НПО	Неправительственная организация
ОВБ	Ответственное ведение бизнеса
ОСВ	Оценка социального воздействия
ОВОС	Оценка воздействия на окружающую среду
ОНУВ	Определямый на национальном уровне план
ОЭСР	Организация экономического сотрудничества и развития
ОЭС	Обсерватория экономической сложности
ПГ	Парниковые газы
ПИИ	Прямые иностранные инвестиции
ПРООН	Программа развития Организации Объединенных Наций
ПСОН	Платформа для сотрудничества в области налогообложения
СРЦ	Сопоставимая рыночная цена
СТВ	Система торговли выбросами
СЭО	Стратегическая экологическая оценка
США	Соединенные Штаты Америки
ТМТМ	Транскаспийский международный транспортный маршрут
BEPS	Размывание налоговой базы и перемещение прибыли
BOD	Биохимическая потребность в кислороде
BTC	Баку-Тбилиси-Джейхан
Cbc	Страновой отчет
CIM	Стандарты определения Канадского института горного дела, металлургии и нефти для минеральных ресурсов и минеральных запасов
CIT	Налог на прибыль организаций
CMA	Ассоциация критически важных минералов

COD	Химическая потребность в кислороде
CO_2	Углекислый газ
CRIRSCO	Комитет по международным стандартам отчетности о запасах полезных ископаемых
DO	Растворенный кислород
EBITDA	Прибыль до вычета процентов, налогов, износа и амортизации
EDD	Расширенная комплексная проверка
ERG	Eurasian Resources Group
ERMA	Европейский альянс по сырьевым материалам
ESG	Принципы экологического, социального и корпоративного управления
ETM	Металлы энергетического перехода
EUR	Евро (€)
GISTM	Глобальный промышленный стандарт по управлению хвостохранилищами
GRI	Глобальная инициатива по отчетности
IFC	Международная финансовая корпорация
IGF	Межправительственный форум по горнодобывающей промышленности, минералам, металлам и устойчивому развитию
ISO	Международная организация по стандартизации
ITID	База данных ОЭСР по инвестиционным налоговым льготам
IWiM	Международная инициатива «Женщины в горнодобывающей промышленности»
JORC	Австрало-Азиатский кодекс отчетности о результатах геологоразведочных работ, минеральных ресурсах и запасах твердых полезных ископаемых
KAZRC	Кодекс Казахстана по публичной отчетности о результатах геологоразведки, минеральных ресурсах и минеральных запасах
KyrRC	Система отчетности Кыргызской Республики, согласованная с CRIRSCO
LBMA	Лондонская ассоциация рынка драгоценных металлов
MAAC	Конвенция ОЭСР о взаимной административной помощи по налоговым делам
MRV	Мониторинг, отчетность и верификация
NZE	Net Zero Emissions -- нулевые выбросы
OECD TPG	Руководство ОЭСР по трансфертному ценообразованию
OIT	Офшорная косвенная передача
PERC	Паневропейский комитет по отчетности по запасам и ресурсам
STEM	Наука, технология, инженерия и математика
TDS	Общее содержание растворенных веществ
TIWB	Налоговые инспекторы без границ
TSF	Хранилище хвостов
UzTMK	Узбекский комбинат технологических металлов
WRI	Всемирный институт ресурсов

Краткий обзор

Потенциал Центральной Азии в сфере критически важных минералов значителен, но в большей степени остается не освоенным

Казахстан, Кыргызская Республика и Узбекистан располагают существенными запасами критически важных минералов (КВМ), особенно твердых минералов. Поскольку в ближайшие годы ожидается значительный рост мирового спроса на критически важные минералы, горнодобывающая отрасль, унаследованная тремя странами со времен советской эпохи, представляет собой значительный актив, который необходимо использовать для обеспечения устойчивого и динамичного роста.

На долю Центральной Азии приходится 39% мировых запасов марганцевой руды, 31% хрома, 20% свинца, 13% цинка, 9% титана, 6% алюминия, 5% меди, 5% кобальта и 5% молибдена. Казахстан, уже являющийся крупнейшим в мире производителем урана, способен экспортировать 21 из 34 КВМ, включенных в официальный список ЕС; Кыргызская Республика располагает третьими по величине в мире запасами сурьмы, а Узбекистан занимает одиннадцатое место в мире по запасам меди и начал развитие производства лития и молибдена.

Однако горнодобывающий сектор региона далек от реализации полного потенциала вследствие ограниченных масштабов геологоразведки, устаревших систем отчетности по геологическим данным и регуляторных сложностей. Потенциальные инвесторы не располагают надежной и актуальной информацией о ресурсной базе из-за отсутствия систематической геологоразведки с момента обретения независимости и использования унаследованных устаревших систем отчетности по запасам. Доминирование государственных предприятий (ГП) в секторе и прошлые споры с иностранными инвесторами также сдерживали инвестиции.

В то же время последние тенденции изменений внушают оптимизм. Сбор новых данных, переход к международным стандартам отчетности по запасам и обновление правовой базы свидетельствуют о стремлении привлечь иностранные инвестиции в сектор. Правительства стран Центральной Азии рассматривают критически важные минералы как новый двигатель роста и диверсификации экономики, и не только в сфере добычи, но и все более в области переработки и связанных звеньев цепочки добавленной стоимости. Изменения в трудовом законодательстве, в частности в части занятости женщин, открывают новые возможности для расширения инклюзивности.

Стандарты и практики ответственного ведения бизнеса внедряются все шире, однако роль ГП и вопросы должной осмотрительности все еще требуют повышенного внимания

Осведомленность об ответственном ведении бизнеса (ОВБ) в горнодобывающем секторе Центральной Азии растет: Казахстан, Кыргызская Республика и Узбекистан внедряют международные стандарты, направленные на борьбу с коррупцией, усиление требований к должной осмотрительности и охране труда, а также на расширение участия местных сообществ, хотя темпы и формы реализации различаются. Тем не менее сохраняются трудности с практической реализацией, особенно в части разграничения функций государства и ГП, соблюдения трудовых прав и участия местных сообществ.

Во всех трех странах горнодобывающий сектор характеризуется доминированием небольшого числа ГП. Это создает ряд проблем. Во-первых, некоторые ГП выполняют квази-регуляторные функции, находясь под контролем министерств, совмещающих функцию формирования политик, регуляторные и собственнические функции, что может приводить к конфликту интересов, поскольку представители министерств могут занимать должности в компаниях, деятельность которых они регулируют. Недостаточная прозрачность государственных закупок и коррупция также остаются значимыми проблемами и подрывают доверие между заинтересованными сторонами, вовлеченных в реализацию горнодобывающих проектов.

Вместе с тем правительства предпринимают усилия по противодействию коррупции и укреплению диалога с заинтересованными сторонами в горнодобывающем секторе, в частности в рамках участия в Инициативе прозрачности добывающих отраслей (ИПДО). Начаты первые шаги по интеграции принципов экологического, социального и корпоративного управления (ESG) в национальное законодательство. Правительства и ГП принимают меры по более эффективной оценке, предотвращению, смягчению и устранению неблагоприятных последствий и рисков, связанных с горнодобывающей деятельностью.

Недостаточный контроль в сфере охраны труда и техники безопасности продолжает приводить к высокой частоте несчастных случаев на горнодобывающих объектах. Кроме того, хотя вовлечение местных сообществ в реализацию горнодобывающих проектов может быть предусмотрено законодательством, на практике эти положения не всегда эффективно применяются. Местное население часто выражает недовольство тем, что его исключают из консультаций по вопросам воздействия и рисков горнодобывающей деятельности, а также указывает на отсутствие четких руководящих принципов по компенсации и переселению затронутых сообществ.

Правительства усиливают управление экологическими рисками в горнодобывающем секторе, однако цели могли бы быть более специфичными для отрасли и охватывать весь жизненный цикл горной добычи

Все три страны приняли общеэкономические стратегии по ускорению сокращения выбросов ПГ и декарбонизации наиболее углеродоемких секторов, однако эти стратегии не имеют отраслевую специфику. Отдельные положения адресованы горнодобывающему сектору или крупным горнодобывающим компаниям, но в целом конкретные целевые показатели для горнодобывающей отрасли в части выбросов ПГ и загрязнения окружающей среды отсутствуют. Такая же ситуация наблюдается в сферах управления водными ресурсами и отходами, где меры в основном разрабатываются на общенациональном уровне.

Во всех трех странах сформированы правовые рамки экологической оценки и экспертизы горнодобывающих проектов, поскольку горнодобывающая деятельность усугубляет такие экологические проблемы, как деградация земель, выбросы парниковых газов, загрязнение и дефицит водных ресурсов, утрата биоразнообразия и образование опасных отходов. Эти правовые рамки, как правило, включают положения о стратегической экологической оценке (СЭО), а также об оценке воздействия на окружающую среду (ОВОС). Законодательство о горнодобывающей деятельности также предусматривает проведение оценки воздействия и предотвращение загрязнения, однако практическое правоприменение, мониторинг сточных вод и стимулы к водосбережению или внедрению циркулярных систем остаются ограниченными.

Особого внимания требуют накопленные отходы «наследия» горнодобывающей деятельности и хвостохранилища, поскольку в регионе расположено множество объектов накопленного хранения отходов и свалок, часть из которых содержит опасные вещества. Как производители урана, три страны сталкиваются с рисками радиоактивного загрязнения для местных сообществ и экосистем. Управление отходами «наследия» и хвостохранилищами должно оставаться ключевым элементом будущих стратегий развития горнодобывающей отрасли по мере расширения добычи КВМ.

Сектор КВМ предоставляет возможность усилить мобилизацию внутренних доходов, однако требуется более тесное соответствие стандартам международной налоговой политики и BEPS

Сектор КВМ опирается на традиционно важную роль добывающих отраслей в формировании внутренних доходов во всех трех странах. Вместе с тем он остается подверженным налоговым практикам многонациональных компаний, подрывающим государственные доходы. Сектор особенно уязвим к практикам размывания налоговой базы и перемещения прибыли (BEPS), включая занижение цен при экспорте минералов взаимосвязанным сторонам, некоммерческое внутригрупповое финансирование с перемещением прибыли через процентные вычеты, а также офшорные косвенные передачи (OIT) горнодобывающих лицензий, позволяющие избегать налогообложения прироста капитала.

Казахстан, Кыргызская Республика и Узбекистан постепенно приводят отдельные элементы налоговых систем в соответствие с международными стандартами. Однако существующие законодательные пробелы, от допускающих отклонения правил ценообразования и неэффективных режимов ограничения процентных вычетов до отсутствия эффективных норм налогообложения офшорных передач лицензий, продолжают создавать возможности для законного перемещения прибыли и подрывают мобилизацию внутренних доходов.

Правительства усиливают налоговое администрирование и международное сотрудничество для более эффективного выявления и устранения налоговых рисков в секторе КВМ. Обучение, техническая помощь и участие в международных инициативах, включая инициативу ОЭСР и программы «Налоговые инспекторы без границ» (TIWB), способствовали развитию инструментов оценки рисков и укреплению потенциала налоговых проверок, особенно в Казахстане и Узбекистане. Дальнейший прогресс будет зависеть от продолжения приведения налоговых систем в соответствие с международной лучшей практикой и инвестирования в специализированный потенциал налоговых органов для обеспечения эффективного применения норм.

1 Введение в контекст

Центральная Азия обладает значительными запасами критически важных материалов (КВМ); однако данный потенциал остается в значительной степени неосвоенным. В горнодобывающем секторе региона традиционно доминируют несколько государственных предприятий (ГП), однако постепенно открывается для иностранных инвестиций, что создает возможности для формирования динамичного сектора КВМ с более высокой добавленной стоимостью. Вместе с тем ограниченное геологическое картирование, отсутствие гармонизации стандартов отчетности о запасах и прошлые споры с иностранными инвесторами затрудняют привлечение новых инвестиций. Проблемные места в транспортной связности, экологические последствия горнодобывающей деятельности, проблемы в сфере трудовых прав и гендерное неравенство остаются серьезными вызовами для горнодобывающих секторов Центральной Азии.

Экономический контекст

Последние экономические тенденции в Центральной Азии

В последние годы Центральная Азия являлась одним из наиболее быстрорастущих регионов мира. Казахстан, Кыргызская Республика и Узбекистан продемонстрировали впечатляющее восстановление после пандемии COVID-19, при этом регион быстро вернулся к прежней траектории роста и превзошел прогнозные показатели (IMF, 2025[1]). Восстановление и последующий рост в значительной степени поддерживались устойчивым внутренним спросом, включая инвестиции в инфраструктуру, рост реальной заработной платы и восстановление сектора услуг и промышленности.

Рисунок 1.1. Рост реального ВВП (2014-2024)

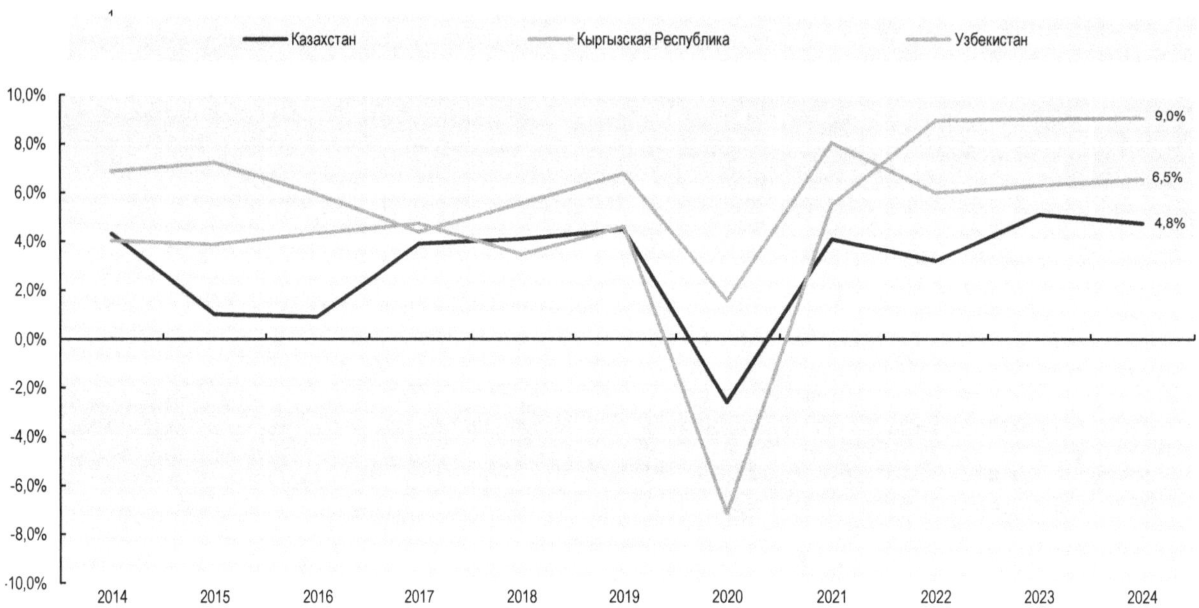

Источник: (IMF, 2025[2])

Три страны унаследовали значительные горнодобывающие отрасли и открытые месторождения к моменту обретения независимости

В Казахстане сектор добычи металлов обеспечил 12,1% ВВП в 2024 году (AIFC, 2025[3]); **основными видами добычи являются уран (по производству которого Казахстан занимает первое место в мире), алюминий, железо, золото, медь, свинец и цинк** (Grata International, 2025[4]) (World Nuclear Association, 2025[5]). В стране насчитывается более 200 объектов добычи минеральных ископаемых (Vakulchuk, 2021[6]), при этом только в 2025 году было открыто 38 новых минеральных месторождений (Kazinform, 2025[7]). Страна обладает значительными запасами редкоземельных элементов и является крупнейшим в мире производителем урана, обеспечивая 40% мирового производства (World Nuclear Association, 2025[5]). В настоящее время страна может экспортировать 21 из 34 КВМ, включенных в официальный список ЕС. Казахстан располагает крупнейшими в мире запасами хрома, занимает седьмое место по запасам цинка и восьмое по запасам свинца. Страна входит в число 20 ведущих государств по запасам меди, кадмия и бокситов (Vakulchuk, 2021[6]) (AIFC, 2025[3]). Правительство также ожидает обеспечить 15% мирового рынка графита за счет разработки месторождения графита «Сарытоган» (Приложение1.B).

В Кыргызской Республике горнодобывающий сектор обеспечил 2% ВВП в 2023 году, при этом основными направлениями являются добыча золота и угля (Grata International, 2025[8]). Однако золотодобывающая отрасль в национальной статистике классифицируется как обрабатывающая промышленность, что может объяснять его относительно низкую долю. Вместе с тем оценки показывают, что добыча полезных ископаемых, в частности золота, обеспечивает около 13% ВВП и более 60% экспорта (World Bank, 2023[9]). Горнодобывающий и металлургический сектора также привлекают наибольшие объемы прямых иностранных инвестиций (ПИИ) в страну (World Bank, 2025[10]). Кыргызская Республика располагает значительными запасами сурьмы, меди, железа и урана, среди прочих минералов. Введенный Китаем запрет на экспорт сурьмы открыл новые возможности для Кыргызской Республики, на долю которой приходится 13% мировых запасов сурьмы (Carnegie Endowment, 2025[11]) (Приложение1.B).

В Узбекистане добыча полезных ископаемых обеспечила 17% ВВП в 2023 году, при этом доминирующими направлениями являются золото, медь и уран (Grata International, 2025[12]) (Government of the Republic of Uzbekistan, 2023[13]). Страна располагает 11-ми по величине запасами меди в мире, а также значительными запасами серебра, молибдена, селена и лития (Vakulchuk, 2021[6]), что является важным фактором укрепления позиции Узбекистана как одного из приоритетных направлений для инвестиций. Страна также входит в число ведущих экспортеров золота и занимает 5-е место в мире по поставкам урана (World Nuclear Association, 2025[14]) (Приложение1.B).

Вставка 1.1. Добыча золота в Центральной Азии

Богатые природные ресурсы Центральной Азии, включая значительные запасы золота, являлись важной частью минерально-сырьевой базы Советского Союза. После обретения независимости золото остается краеугольным камнем экономик Казахстана, Кыргызской Республики и Узбекистана, хотя степень макроэкономической зависимости различается. Со временем его роль усилилась не только в качестве важного источника экспортных доходов, промышленного производства и стратегических резервов, но и в связи с его использованием в современных электронных и цифровых технологиях, где оно выступает высокоэффективным, устойчивым к коррозии проводником электричества.

- Казахстан занимает четырнадцатое место в мире по объему добычи золота. Примечательно, что большинство разрабатываемых в настоящее время месторождений либо эксплуатировались еще в советский период, либо были открыты в то время.
- В Кыргызской Республике золото с момента обретения независимости стало центральным элементом горнодобывающего сектора. В 2020 году крупнейшее месторождение страны «Кумтор» обеспечивало около 11% ВВП и 52% общего объема промышленного производства.
- В Узбекистане добыча золота началась в конце 1960-х годов с освоения месторождения «Мурунтау», одного из крупнейших в мире по запасам золота. Золото продолжает играть значительную роль в экспортной структуре страны: в 2023 году объем экспорта золота составил около 8,1 млрд долл. США, или 33,4% общего объема экспорта, а в начале 2024 года эта доля увеличилась до 41,7%.

Добыча золота приобретает все большее значение в контексте повестки по КВМ, поскольку многие золотые месторождения содержат сопутствующие или побочные минералы, необходимые для чистой энергетики, электроники и оборонных технологий. Помимо золота, такие месторождения могут содержать извлекаемые элементы, включая сурьму, теллур, кобальт, вольфрам, мышьяк, марганец, а в ряде случаев цинк и серебро. Исторически горнодобывающая деятельность была ориентирована преимущественно на извлечение золота, в результате чего сопутствующие минералы оставались в значительной степени неосвоенными и часто складировались в отвалах и хвостохранилищах. Однако благодаря развитию технологий переработки хвостов и учета микроэлементов такие побочные продукты теперь могут извлекаться на экономически целесообразной основе. Это позволяет существующим золотодобывающим предприятиям трансформироваться в многопрофильные горнодобывающие комплексы, поддерживая внутреннее предложение КВМ без необходимости разработки полностью новых месторождений.

Источник: (The Astana Times, 2025[15]), (World Bank, 2023[16]), (World Bank, 2023[9]), (The Times of Central Asia, 2025[17]), (Energy Research & Social Science, 2026[18]), (The Times of Central Asia, 2024[19]), (Resource World Magazine, 2020[20]), (U.S. Geological Survey, 2025[21])

Связность и торговый профиль по странам

Торговля стран Центральной Азии по-прежнему зависит от ограниченного круга товаров и партнеров

Концентрация экспорта усиливает необходимость диверсификации торговых партнеров. В настоящее время страны Центральной Азии характеризуются сравнительно недиверсифицированной экспортной структурой, при которой каждая страна зависит от экспорта одного или двух товаров (нефть и золото для Казахстана; золото для Кыргызской Республики и Узбекистана). Они также экспортируют ряд металлов и КВМ, включая медь, алюминий, ферросплавы и различные металлические руды. Текущие экспортные потоки свидетельствуют о том, что торговля металлами и КВМ в основном ориентирована на Китай, Россию и Турцию, при этом Европейский союз также выступает направлением экспорта ряда материалов, в частности урана и алюминия из Казахстана и Узбекистана (OEC, 2025[22]) (Euratom Supply Agency, 2025[23]). Диверсификация экспортной структуры и усиление участия в глобальных цепочках добавленной стоимости будут зависеть от развития эффективных и безопасных транспортных связей, соединяющих Центральную Азию с более широким кругом мировых рынков (Вставка 1.2).

КВМ преимущественно перевозятся автомобильным и железнодорожным транспортом

Поставки КВМ из Казахстана, Кыргызской Республики и Узбекистана в основном осуществляются по суше, при этом железнодорожный транспорт обеспечивает наибольшие объемы перевозок там, где инфраструктура развита, а автомобильные перевозки компенсируют пробелы в сети там, где она не развита.

Логистика КВМ в Казахстане в значительной степени ориентирована на железнодорожный транспорт: компания «Казахстан темир жолы» сообщила о перевозке более 122 млн тонн грузов в январе-июне 2024 года, включая крупные партии минерального сырья (например, железная и марганцевая руда; руды цветных металлов и сера), а также рост перевозок нефти. В то же время объем железнодорожных грузоперевозок с Китаем достиг рекордных 32 млн тонн в 2024 году, при этом руды и металлы составляли основную долю экспортных грузов (The Times of Central Asia, 2024[24]) (Interfax, 2025[25]). Грузовая система Казахстана по-прежнему отражает советское индустриальное наследие, ориентированное на перевозку навалочных сырьевых грузов: угля, руды, зерна и химической продукции железнодорожным транспортом в традиционных вагонах. В результате лишь около 11% грузовых станций в настоящее время оснащены для обработки контейнеров, что ограничивает расширение контейнерных поставок минерального сырья и металлов (The Times of Central Asia, 2025[26]).

В Кыргызской Республике грузовые перевозки преимущественно осуществляются автомобильным транспортом: в 2024 году 82,1% общего объема грузов было перевезено автотранспортом. Экспорт минерального сырья преимущественно осуществляется посредством автомобильных трансграничных перевозок, а не через организованные железнодорожные коридоры повагонных отправок (stat.gov.kg, 2025[27]).

В Узбекистане экспорт, связанный с КВМ, особенно в направлении Европейского союза, все в большей степени осуществляется с использованием железнодорожных и мультимодальных маршрутов. В первые девять месяцев 2023 года железнодорожные перевозки составили 44% физического объема импорта из Узбекистана в ЕС по сравнению с 36% автотранспортом и 16% морским транспортом. Перевозки навалочных минеральных грузов и удобрений характеризуются особенно высокой долей железнодорожного транспорта: поставки калийных удобрений по железной дороге увеличились с 7,6 до 62,9 тыс. тонн, а азотных удобрений с 35 до 44 тыс. тонн, при этом использовались специализированные грузовые вагоны для перевозки навалочных грузов. Металлопродукция распределяется между видами транспорта, в 2022 году 63% перевозилось автотранспортом и 36% железнодорожным транспортом (ERAI, 2023[28]).

На региональном уровне международные железнодорожные перевозки в Казахстане, Кыргызской Республике и Узбекистане осуществляются в рамках Соглашения о

международном железнодорожном грузовом сообщении (СМГС) в системе Организации сотрудничества железных дорог, членами которой являются все три страны (OSJD, 2026[29]). Национальное регулирование действует параллельно с данным механизмом. Так, в Казахстане такие материалы, как литий, кобальт, марганец, хром, медь, никель, свинец, цинк и молибденовые руды, прямо классифицируются как навалочные грузы в правилах железнодорожных перевозок, тогда как материалы, отнесенные к опасным или ценным (в частности золото), подпадают под более строгие требования к упаковке, таре и оформлению сопроводительной документации (Ministry of Justice of the Republic of Kazakhstan, 2019[30]).

Вставка 1.2. Потенциал Транскаспийского международного транспортного маршрута (ТМТМ) как надежного маршрута для перевозки КВМ

Страны Центральной Азии предпринимают усилия по преодолению ограничений, связанных с отсутствием выхода к морю, и по более глубокой интеграции в глобальные цепочки добавленной стоимости. Транскаспийский международный транспортный маршрут (ТМТМ), соединяющий Европу и Китай через Центральную Азию, Каспийское море, Кавказ и Турцию, предоставляет региону возможность не только стать крупным транзитным узлом, но и увеличить собственные объемы торговли. С момента полномасштабного вторжения России в Украину значение ТМТМ существенно возросло; в 2024 году грузопоток по коридору увеличился примерно на 62% в условиях поиска экспортерами надежных альтернатив маршрутам Восток-Запад. Еще до начала полномасштабной войны коридор использовался как альтернативный маршрут для экспорта ряда КВМ и углеводородов на западные рынки. В частности, Казахстан давно использует данный маршрут для экспорта зерна, нефти, минерального сырья и урана: в 2023 году около 64% экспорта казахстанского урана на западные рынки было осуществлено через ТМТМ. С 2022 года страна также нарастила экспорт нефти по ТМТМ, используя налаженное соединение по трубопроводу Баку-Тбилиси-Джейхан (BTC).

Вместе с тем развитие ТМТМ сталкивается с рядом вызовов, включая недостаточно развитую мультимодальную инфраструктуру и отсутствие региональной гармонизации национальных процедур пересечения границ. Европейский союз придал приоритет развитию данного маршрута с целью укрепления устойчивости цепочек поставок по направлению Восток-Запад, в том числе для перевозки КВМ. ОЭСР опубликовала подробный доклад «Повышение конкурентоспособности Транскаспийского международного транспортного маршрута в Центральной Азии», в котором анализируются последние тенденции развития ТМТМ и предлагаются адресные рекомендации по политикам укрепления его эффективности, предсказуемости и потенциала региональной интеграции.

Источник: (OECD, 2025[31]), (ADB, 2024[32]), (The Astana Times, 2024[33]), (The Times of Central Asia, 2025[34]), (DGAP, 2025[35]), (European Commission, 2025[36]), (EIB, 2025[37]) (EEAS, 2025[38]).

Экспорт стран Центральной Азии растет, при этом Китай становится основным торговым партнером региона

Рост в Центральной Азии, среди прочих факторов, был обусловлен значительным увеличением экспорта: с 2010 по 2023 год его объем вырос более чем втрое, с 45,9 млрд долл. США до 148,3 млрд долл. США. В 2023 году Китай стал основным направлением экспорта стран Центральной Азии (20%), немного опередив Европейский союз (19%). Великобритания и Швейцария, являющиеся крупными импортерами золота, составили соответственно 13% и 10%

экспорта региона в том же году, тогда как Россия сохранила значимую роль экспортного партнера, обеспечивая 10% доли экспортных поставок.

Китай стал основным импортным партнером Центральной Азии. В 2010 году ЕС, Россия и Китай обеспечивали по 21% импорта региона. В 2023 году доля Китая выросла до 38%, тогда как доли России и ЕС сократились до 17% и 14% соответственно. С учетом того, что объем импорта Центральной Азии почти удвоился в период с 2010 по 2023 год, роль Китая в торговле региона существенно усилилась (см. Рисунок 1.2).

Рисунок 1.2. Торговые партнеры Центральной Азии

Проценты, источники импорта (слева), направления экспорта (справа)

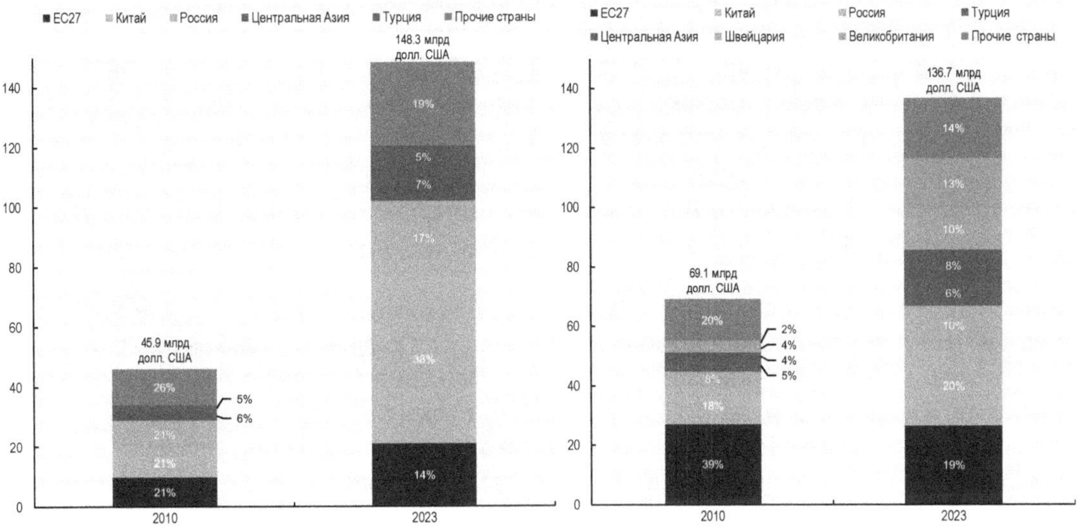

Примечание: В данном графике Центральная Азия охватывает пять стран: Казахстан, Кыргызскую Республику, Таджикистан, Туркменистан и Узбекистан.
Примечание: Россия не публикует статистику внешней торговли с 2022 года.
Источник: (OEC, 2025[22])

Торговля Казахстана опирается на экспорт нефти и золота, при этом основными торговыми партнерами страны являются Китай и ЕС

Экспорт Казахстана в 2023 году был сосредоточен на сырой нефти и золоте, на которые приходилось соответственно 36,5% и 19,9% общего объема экспорта. Такая концентрация делает экономику уязвимой к колебаниям мировых цен на нефть, что проявилось в 2015-2016 годах, когда продолжительное снижение цен привело к сокращению экспортных доходов, инвестиционной отдачи и бюджетных поступлений (OECD, 2021[39]). Основными экспортными партнерами в 2023 году были ЕС (26% экспорта), Китай (16%) и Великобритания (16%). Китай оставался крупнейшим поставщиком импорта в Казахстан (31,2%), за ним следовали Россия (23,5%) и ЕС (18%). Помимо углеводородов и золота, Казахстан экспортирует металлы, такие как медь, ферросплавы, алюминий, цинк и титан, которые в различной степени интегрированы в европейский рынок. На Европу приходится около 7,7% экспорта рафинированной меди Казахстана, 15,1% экспорта ферросплавов, 29,7% экспорта необработанного алюминия, 9,3% экспорта необработанного цинка и 59,6% экспорта титана. Особое стратегическое значение приобретает экспорт урана: в 2024 году Казахстан стал вторым по величине поставщиком урана для энергетических компаний ЕС, обеспечив 24% всех поставок в ЕС, что на 11% больше по сравнению с 2023 годом (Observatory of Economic Complexity, 2025[40]) (Euratom Supply Agency, 2025[41]).

Кыргызская Республика в значительной степени зависит от экспорта золота, что делает ее уязвимой к ценовой волатильности

Экспорт Кыргызской Республики доминируется золотом, которое в 2023 году обеспечило 38,4% общего объема экспорта страны. Как и в случае Казахстана, такая зависимость усиливает чувствительность к колебаниям мировых цен. Основными экспортными партнерами в 2023 году были Швейцария (29% экспорта), Россия (19%) и Казахстан (15%), что отражает разовую крупную закупку золота Швейцарией (76% экспорта золота Кыргызской Республики) и возможные реэкспортные операции в Россию. В структуре импорта Китай обеспечивал 60,1% поставок в 2023 году, что подчеркивает его ключевую роль в торговле и экономике страны. Кыргызская Республика также экспортирует в Европу небольшие объемы металлической и минеральной продукции, однако их стоимость остается ограниченной. В 2023 году около 58% экспорта лома черных металлов направлялось в ЕС, 11% экспорта алюминиевого лома в Италию, а весь экспорт вольфрама – в Германию (Observatory of Economic Complexity, 2025[42]).

Торговый профиль Узбекистана также в значительной степени определяется экспортом золота, что связано с недавним сокращением экспорта газа

В последние годы структура экспорта Узбекистана претерпела существенные изменения в сторону увеличения доли золота (Observatory of Economic Complexity, 2025[43]). В 2018 году газ и золото были основными экспортными товарами, составляя соответственно 23,3% и 23,6% общего объема экспорта. Однако в период с 2018 по 2023 год газовая отрасль Узбекистана пережила значительный спад, главным образом вследствие истощения действующих запасов. К 2023 году золото обеспечивало 45,6% экспорта, тогда как доля газа сократилась до 2,19%. Это отражается в росте значения Швейцарии и Соединенного Королевства как первого и третьего экспортных партнеров страны в 2023 году соответственно. Обе страны являются крупными импортерами золота, обеспечивая соответственно 73% и 23% общего объема экспорта золота Узбекистана. В структуре импорта основными поставщиками традиционно остаются Китай и Россия, доля которых в 2023 году составила соответственно 32,3% и 16,6%.

Узбекистан также экспортирует в Европу отдельные металлы и минеральное сырье, включая КВМ. В 2024 году Узбекистан обеспечил около 2% всех поставок урана в ЕС. В 2023 году примерно 8% экспорта необработанного цинка направлялось в европейские страны, хотя данные поставки составляют лишь небольшую долю общего экспорта Узбекистана (Euratom Supply Agency, 2025[41]), (Observatory of Economic Complexity, 2025[43]).

Потенциал добычи КВМ в Центральной Азии

Критически важные сырьевые материалы являются незаменимыми для широкого круга стратегических отраслей

Критически важные сырьевые материалы интенсивно используются в технологиях, лежащих в основе зеленого и цифрового перехода (OECD, 2023[44]), **а также в сфере искусственного интеллекта, робототехники и обороны, и характеризуются высоким риском сбоев в цепочках поставок.** Эти материалы необходимы для производства ветряных турбин, солнечных панелей, электромобилей, аккумуляторов для хранения энергии, смартфонов, компьютеров и сетей 5G. Оборонная и аэрокосмическая промышленность также требует значительных объемов КВМ, что делает их ключевыми для широкого спектра стратегических секторов. Согласно сценарию Международного Энергетического Агенства (МЭА) по достижению нулевого уровня выбросов, спрос на КВМ к 2050 году увеличится в 16 раз по сравнению с уровнем 2020 года (Liang, 2023[45]). Недавние выводы ОЭСР указывают на то, что текущие глобальные поставки КВМ не соответствуют растущему спросу (OECD, 2024[46]), что создает возможности для стран, обладающих соответствующими ресурсами, увеличить производство и стимулировать экономический рост.

Центральная Азия располагает значительными запасами КВМ, однако данный потенциал пока не реализован в полной мере

Регион обладает крупными запасами КВМ (Таблица 1.1): на регион приходится 39% мировых запасов марганцевой руды, 31% хрома, 20% свинца, 13% цинка, 9% титана, 6% алюминия, 5% меди, 5% кобальта и 5% молибдена (Vakulchuk, 2021[6]). Это ресурсное преимущество формирует потенциал региона как значимого поставщика для глобального энергетического перехода и технологических отраслей, однако данный потенциал остается в значительной степени неиспользованным. Экспорт добывающей продукции региона по-прежнему в основном представлен углеводородами (нефть, газ, уголь) и золотом, которое исторически играло важную роль в экономическом развитии стран Центральной Азии (Вставка 1.1). Другие минеральные отрасли, несмотря на относительное развитие в таких сегментах, как медь, алюминий, уран и цинк, остаются второстепенными в экспортной структуре региона.

Таблица 1.1. Обеспеченность Центральной Азии критически важными сырьевыми материалами

Название	РК	КР	РУ	Использование
Алюминий	+	+	+	Солнечные и ветровые рамы
Сурьма		+		Аккумуляторы, полупроводники
Мышьяк	+	+		Полупроводники, фотоэлектрическая техника
Барит	+	+		Экранирующие материалы для технологий чистой энергии
Бериллий	+	+		Аэрокосмическая отрасль, оборона, электроника
Висмут	+	+		Электроника
Бор/Бораты		+		Магниты, ветряные турбины
Кадмий	+	+	+	Перезаряжаемые батареи, солнечные элементы
Хром	+	+		Нержавеющая сталь
Кобальт	+	+	+	Аккумуляторы, магниты
Коксуемый уголь	+	+		Ветряные турбины, солнечные рамы
Медь	+	+	+	Солнечные панели, ветряные турбины, электромобили
Полевой шпат	+			Передовая керамика для электроники
Флуоршпат		+		Фторная кислота
Галлий	+			Интегральные схемы, светодиоды, солнечные панели
Германий	+	+	+	Волоконная оптика, полупроводники, солнечные панели
Графит	+	+	+	Батареи, электроды
Гафний	+	+		Полупроводники, аэрокосмическая промышленность

Гелий	+			Полупроводники
Индий		+	+	Сенсорные экраны, фотоэлектрика, полупроводники
Железо	+	+	+	Декарбонизированное производство стали, накопление энергии
Свинец	+	+	+	Батареи
Литий	+	+	+	Перезаряжаемые аккумуляторы
Магнезит	+			Строительные материалы
Магний	+	+	+	Аэрокосмическая промышленность, электроника
Марганец	+	+	+	Батареи
Молибден	+	+	+	Полупроводники, турбины для генерации энергии
Никель	+	+	+	Перезаряжаемые аккумуляторы, хранение в сетях
Ниобий	+	+	+	Сверхпроводники, аэрокосмическая промышленность, электроника
Фосфаты	+		+	Фосфатные батареи
Металлы платиновых групп			+	Каталитические нейтрализаторы, электроника, топливные элементы
Редкоземельные элементы (вкл. скандий)	+	+	+	Электронные компоненты, магнитные материалы
Рений	+	+	+	Аэрокосмическая промышленность, электронные приложения
Селен	+	+	+	Солнечные элементы, полупроводники, фотопроводники
Кремний	+	+	+	Чипы, полупроводники, солнечные панели
Серебро	+	+	+	Фотоэлектрические устройства, аккумуляторы, накопление энергии
Натрий	+			Солнечные панели
Стронций		+		Магниты, батарейки
Тантал	+	+	+	Конденсаторы, сверхпроводники, аэрокосмическая промышленность
Теллур		+	+	Солнечные элементы, термоэлектрические устройства
Олово	+	+	+	Пайка, аккумуляторы
Титан	+	+	+	Аэрокосмическая промышленность
Вольфрам	+	+	+	Электроника, аэрокосмическая промышленность
Ванадий	+	+	+	Ванадийевые редокс-батареи, аэрокосмическая промышленность
Цинк	+	+	+	Аккумуляторы, электромобили, полупроводники

Примечание: Минералы, включенные в список критически важных минералов Великобритании 2024 года и/или в перечень критически важных/стратегических сырьевых материалов ЕС 2023 года, выделены серым цветом. Кадмий, хром, свинец, молибден, селен и серебро были добавлены ввиду их значимости для зеленого перехода. Иридий, родий и рутений классифицируются Великобританией как критически важные, но не присутствуют в Центральной Азии.
Источник: (Vakulchuk, 2021[6]) (UK Critical Minerals Intelligence Centre, 2024[47]) (European Commission, 2025[48])

Горнодобывающая инфраструктура региона устарела, а существующие мощности по переработке остаются ограниченными

Большинство стран Центральной Азии располагают унаследованными горнодобывающими объектами, обслуживаемыми устаревшей инфраструктурой. Несмотря на планы Казахстана (Minex Forum, 2025[49]) и Узбекистана (Mining Technology Insights, 2025[50]) по масштабной модернизации горнодобывающей инфраструктуры, необходим значительный объем усилий для достижения уровня ведущих мировых горнодобывающих стран, таких как Австралия, Канада и Южная Африка. Горнодобывающая инфраструктура Кыргызской Республики также требует существенных инвестиций. Региональные энергосистемы недостаточно оснащены для обеспечения электроэнергией масштабной добычи минералов. Горнодобывающая деятельность требует значительных объемов энергии: например, в настоящее время на горную добычу приходится 69% промышленного энергопотребления Казахстана. Энергетические системы стран Центральной Азии не способны в полной мере удовлетворить спрос на электроэнергию, что приводит к частым отключениям электроэнергии, ограничению поставок газа и перебоям с отоплением в жилом секторе. Для существенного наращивания добычи минералов региону потребуются новые и современные электростанции, а также модернизированные линии электропередачи высокого напряжения (Atlantic Council, 2025[51]) (Center of Global Energy Policy at Columbia, 2023[52]).

Страны Центральной Азии располагают ограниченными мощностями по переработке и аффинажу минерального сырья, хотя предпринимаются усилия по их расширению. Китай играет ключевую роль в создании новых перерабатывающих и аффинажных мощностей в регионе, например в Казахстане - для переработки меди, золота, серебра и вольфрама, а также в Узбекистане - для переработки железной руды и меди (Trends Research, 2025[53]). Несмотря на эти процессы, мощности по переработке и аффинажу в Центральной Азии остаются недостаточными для обеспечения автономности региона в данной сфере. Казахстан, обладающий наиболее развитой инфраструктурой переработки, располагает значительными мощностями по переработке и аффинажу титана, тантала, бериллия и ниобия, а также способен перерабатывать некоторые базовые металлы, такие как цинк и свинец. Однако страна не осуществляет переработку таких КМ, как литий, никель и кобальт, которые экспортируются в необработанном виде в Россию или Китай для дальнейшей переработки (Atlantic Council, 2025[51]). Кыргызская Республика располагает инфраструктурой для аффинажа золота, но не обладает сопоставимыми возможностями в отношении других металлов. В Узбекистане крупнейшее горнодобывающее ГП Алмалыкский горнометаллургический комбинат (АГМК) производит 148000 тонн катодной меди ежегодно, а также осуществляет аффинаж побочной продукции, такой как золото и серебро; однако переработка других металлов находится на ранней стадии развития.

В настоящее время доступен значительный объем геологических данных, однако они не обновлялись со времен Советского Союза

Центральная Азия унаследовала развитую горнодобывающую инфраструктуру и обширные геологические данные советского периода. Вместе с тем ограниченные объемы геологоразведочных работ с 1990-х годов привели к отсутствию надежной, прозрачной и легко доступной информации о запасах минералов в странах региона (Carnegie Endowment, 2025[11]). Большинство доступных данных основано на проектах геологического картирования, выполненных до обретения независимости. Так, расходы на геологоразведку в Советском Казахстане только в 1990 году сопоставимы с совокупными расходами независимого Казахстана за период 2003-2023 годов (Carnegie Endowment, 2025[11]). В Кыргызской Республике месторождение «Кумтор», обеспечивающее 90% экспорта золота страны, планируется закрыть в 2031 году в связи с истощением запасов; недостаточный объем геологоразведки после обретения независимости затруднит быструю компенсацию данного снижения за счет разработки новых месторождений или отраслей, что создает риски для перспектив экономического роста (World Bank, 2023[9]).

Страны Центральной Азии не располагают ни доступной, ни обновленной базой данных по запасам минералов, а Казахстан и Узбекистан не имеют официального перечня КВМ, рассматриваемых как стратегические для их экономик. В рамках 3-го Экономического форума ЕС-Центральная Азия стороны подписали соглашение Data4CRM, направленное на решение данной проблемы посредством модернизации систем геоданных и улучшения доступа к геологической информации, с общим бюджетом 7,5 млн евро и при поддержке Геологической службы Финляндии (EEAS, 2025[38]).

В 2018 году Казахстан принял новый Кодекс о недрах и недропользовании, предусматривающий расширение публичного доступа к геологической информации. Кодекс также уточнил правила конфиденциальности данных и установил институциональные механизмы хранения и систематизации геологических данных (OECD, 2018[54]). С момента его принятия страна осуществляет модернизацию системы геологической информации, включая масштабную цифровизацию как современных, так и архивных материалов. В целях обеспечения большей прозрачности и доступности данных для инвесторов в 2025 году Казахстан запустил Единую платформу недропользования (minerals.e-qazyna.kz), которая предоставляет доступ к более чем 66 000 геологических отчетов, данным о лицензировании, онлайн-сервисам подачи заявок и интерактивным картам. Цифровизация первичных геологических данных продолжается: по состоянию на 2025 год оцифровано более 73% национального геологического фонда, при этом завершение полной цифровизации ожидается к 2026 году (Primeminister.kz, 2025[55]).

Закон о недрах Кыргызской Республики относит всю геологическую информацию, полученную в ходе изучения недр, к государственной собственности (Government of the Kyrgyz Republic, 2018[56]). Доступ к геологической информации является платным и предоставляется исключительно по письменному запросу в Департамент геологии, при этом сборы направляются в Государственный фонд геологической информации. В настоящее время лишь около 30% материалов Фонда переведено в электронный формат; значительная часть архивов не оцифрована, отчеты не имеют географической привязки и недоступны онлайн, а часть информации может быть отнесена к государственной тайне. Такая система создает издержки, сдерживающие инвестиции в геологоразведку на ранних стадиях, и отличается от международной передовой практики, например в Канаде или Чили, где геологические данные рассматриваются как общественное благо и предоставляются бесплатно (World Bank, 2023[9]). Вместе с тем Стратегическая программа развития критически важных минералов Кыргызской Республики до 2030 года предусматривает цифровизацию не менее 95% архивных материалов в период 2025-2030 годов и их интеграцию в Единую интегрированную геологическую платформу для обеспечения открытого доступа инвесторов.

Обновленный Закон о недрах Узбекистана, вступивший в силу в начале 2025 года, предусматривает создание интерактивного геологического портала, обеспечивающего публичный доступ к широкому спектру неконфиденциальных геологических данных. Портал включает информацию о месторождениях минералов, объектах прошлой добычи, загрязненных территориях и соответствующих экологических факторах (включая почвенные и гидрогеологические условия). На практике он обеспечит доступ к государственному кадастру недр, объединяющему геологические, геофизические, геохимические и гидрогеологические данные по всем известным месторождениям и перспективным участкам. Конфиденциальная информация останется защищенной; вместе с тем закон предусматривает обязательную публикацию геологических данных, полученных за счет государственных средств, а также данных по лицензиям с истекшим сроком действия, при соблюдении требований конфиденциальности в соответствующих случаях (CIS Legislation, 2024[57]) (Grata International, 2025[12]). До принятия закона Узбекистан уже начал публиковать отдельные геологические карты на национальном Геопортале (geoportal-uz.org). Геологические учреждения также осуществляют цифровизацию исторических материалов; в частности, «Узбекгеологоразведка» постепенно сканирует материалы разведки советского периода и разрабатывает трехмерные модели крупных рудных месторождений в регионе Кызылкум (uzgeo.uz, 2025[58]).

Гармонизация систем отчетности о запасах минералов остается нерешенной задачей

Все три страны Центральной Азии первоначально унаследовали советскую систему классификации запасов минералов, известную как система ГКЗ (Государственная комиссия по запасам полезных ископаемых). Международные стандарты, признаваемые Комитетом по международным стандартам отчетности о минеральных запасах (CRIRSCO), включают такие системы, как австралийский стандарт JORC (Австрало-Азиатский кодекс отчетности о результатах геологоразведочных работ, минеральных ресурсах и запасах твердых полезных ископаемых), канадский стандарт CIM (Стандарты определения Канадского института горного дела, металлургии и нефти для минеральных ресурсов и минеральных запасов) и европейский стандарт PERC (Паневропейский комитет по отчетности по запасам и ресурсам). В отличие от этих систем, ГКЗ не разграничивает минеральные ресурсы и запасы, используя термин «балансовые запасы», который не соответствует международной практике отчетности.

Казахстан присоединился к CRIRSCO в 2016 году (CRIRSCO, 2025[59]) в целях перехода на международные стандарты. При разработке новой системы KAZRC (Кодекс Казахстана по публичной отчетности о результатах геологоразведки, минеральных ресурсах и минеральных запасах) правительство ориентировалось на австралийский стандарт JORC. На момент подготовки настоящего документа в Казахстане параллельно применяются новая система KAZRC и прежняя система ГКЗ, которая по-прежнему признается национальным регулированием, но постепенно выводится из обращения (KAZRC, 2021[60]).

Кыргызская Республика не является членом CRIRSCO, однако официально перешла к стандартам CRIRSCO в 2017 году, приступив к разработке собственной системы KyrRC. Проект гармонизации, поддержанный ООН, был утвержден указом Президента в феврале 2024 года. Вместе с тем система ГКЗ продолжает широко применяться, при этом сообщается, что крупные проекты, такие как «Кумтор», используют как систему ГКЗ, так и систему, соответствующую стандартам CRIRSCO (Grata International, 2025[8]) (CRIRSCO, 2022[61]). В соответствии со Стратегической программой развития критически важных минералов Кыргызской Республики до 2030 года стандарты KyrRC должны быть полностью интегрированы, тогда как система ГКЗ будет сохранена для целей государственного надзора.

Узбекистан пока не является членом CRIRSCO, однако в 2019–2020 годах перешел на применение стандарта JORC. Как и Казахстан, Узбекистан продолжает использовать систему ГКЗ для внутренних целей учета, однако она постепенно выводится из практики (Grata International, 2025[12]).

В горнодобывающем секторе по всему региону преобладает государственная собственность

Во всех трех странах Центральной Азии горнодобывающий сектор характеризуется господством государственных предприятий, при этом в регионе широко распространены совместные предприятия, предусматривающие обязательное миноритарное участие государства. Участие отечественного частного сектора остается ограниченным, поскольку большинство местных компаний представляют собой небольшие предприятия, занятые преимущественно в вспомогательных видах деятельности, таких как геологические исследования, буровые работы и взрывные работы.

В Казахстане, помимо крупного ГП «Тау-Кен Самрук», разработка месторождений осуществляется ограниченным числом корпораций, некоторые из которых являются совместными предприятиями казахстанских и иностранных инвесторов и характеризуются значительным участием государства.

К числу наиболее значимых относятся Eurasian Resources Group (ERG), специализирующаяся на производстве высокоуглеродистого феррохрома, бокситов и железной руды, и компания «Казцинк» по добыче и переработке цинка, меди, свинца и золота (Vakulchuk, 2021[6]). Крупнейшие представители частного сектора в горнодобывающей отрасли сосредоточены именно в Казахстане. К ним относятся ERG, в котором государству принадлежит 40% акций, однако контроль осуществляется преимущественно отечественными частными собственниками, а также «Казахмыс» - крупнейший производитель меди в стране, Kaz Minerals – еще один крупный производитель меди, осуществляющий деятельность в Казахстане и Кыргызской Республике, и Solidcore Eurasia - крупный производитель золота. Основное ГП по добыче урана «Казатомпром» также располагает значительными мощностями по переработке тантала, бериллия и ниобия на Ульбинском металлургическом заводе в Эскемене, который является одним из ведущих мировых производителей этих трех минералов (Ulba.kz, 2026[62]).

В Кыргызской Республике горнодобывающий сектор доминируется государственным предприятием «Кыргызалтын», которое контролирует большинство месторождений, включая крупнейшее в стране золоторудное месторождение «Кумтор». «Кыргызалтын» является единственной компанией, производящей чистое золото в Кыргызской Республике, при этом экспорт «доре», полуочищенного сплава золота и серебра, запрещен, что обязывает более мелкие золотодобывающие компании осуществлять аффинаж на принадлежащем «Кыргызалтыну» Кара-Балтинском аффинажном заводе. Закон о драгоценных металлах и драгоценных камнях предусматривает, что золото, произведенное в стране, должно продаваться Национальному банку и может реализовываться третьим лицам только в случае отказа Национального банка от его приобретения. Кроме того, государству принадлежит не менее 30% доли в каждом крупном проекте по добыче золота или серебра в стране (World Bank, 2023[9]).

В Узбекистане три ГП - Алмалыкский горнометаллургический комбинат (АГМК), Навоийский горнометаллургический комбинат (НГМК) и «НавоиУран» доминируют в сфере добычи минералов, включая золото, серебро, медь и уран; по оценкам, один только НГМК обеспечил более 20% доходов государственного бюджета Узбекистана в 2024 году (Mining.com, 2025[63]). Созданный в 2024 году в качестве дочерней структуры АГМК «Узбекский комбинат технологических металлов» (UzTMK) призван стать ключевым участником отрасли КВМ страны: обладая портфелем из более чем 100 проектов в области разработки и научно-исследовательских работ, UzTMK, как ожидается, станет доминирующим предприятием в Центральной Азии по таким металлам, как вольфрам, молибден, рений, теллур, селен, графит, тантал и другие. Деятельность UzTMK охватывает горную добычу сырья (upstream), производство металлов (midstream) и выпуск конечной продукции, что существенно усиливает перерабатывающий потенциал Узбекистана в металлургическом секторе.

Открытость к иностранным партнерствам и инвестициям в регионе различается

Иностранные участники, преимущественно китайские, активно инвестируют в горнодобывающую промышленность Центральной Азии. Во всех трех странах региона реализуются горнодобывающие проекты с иностранным участием. Наиболее распространенной формой иностранных инвестиций являются совместные предприятия между иностранными компаниями и отечественными государственными предприятиями. Важной тенденцией является расширение участия Китая в горнодобывающем секторе Центральной Азии. Уже в 2021 году Китай являлся крупнейшим иностранным инвестором в горнодобывающей отрасли Кыргызской Республики (Vakulchuk, 2021[6]). Китай также усиливает присутствие в Казахстане и Узбекистане, инвестируя не только в добывающие мощности, но и поддерживая развитие первичной переработки в этих странах (Trends Research, 2025[53]).

Казахстан расширяет и диверсифицирует международное партнерство в секторе КВМ

Казахстан развивает партнерство с Великобританией, ЕС и Китаем. Текущее сотрудничество ЕС-Казахстан в сфере критически важных сырьевых материалов было усилено после первого саммита «ЕС-Центральная Азия» в апреле 2025 года посредством утверждения Дорожной карты на 2025-2026 годы, дополняющей Меморандум о взаимопонимании, подписанный сторонами в 2022 году. Параллельно в марте 2025 года был запущен финансируемый ЕС проект «GROW CRM», реализуемый ЕБРР, направленный на поддержку совместной идентификации и разработки проектов в сфере критически важных сырьевых материалов, финансирование предварительных и технико-экономических обоснований, а также предоставление целевой технической помощи для укрепления нормативно-правовой базы. Национальная геологическая служба Казахстана (НГС) и Британская геологическая служба в 2024 году подписали трехлетнее соглашение о партнерстве по цифровизации системы управления данными НГС и созданию комплексной доступной геологической платформы с современными инструментами картирования и анализа (The Astana Times, 2025[64]). В ноябре 2025 года Казахстан подписал Меморандум о взаимопонимании с США в сфере КВМ, предусматривающий, в частности, строительство горнодобывающего и перерабатывающего предприятия по добыче вольфрама (US Department of State, 2025[65]).

Среди основных иностранных инвесторов в горнодобывающем секторе Казахстана англо-швейцарская компания-гигант Glencore участвует в эксплуатации одного золоторудного, двух серебряных и трех цинковых месторождений (AIFC, 2025[3]), а зарегистрированная в Великобритании Central Asia Metals осуществляет деятельность в медной отрасли (World Bank, 2023[16]). Австралийско-британская компания-гигант Rio Tinto владеет значительными участками разведки меди и лития, включая проект разведки лития на участке «Калба Юго-Запад» в Восточно-Казахстанской области по лицензии, действующей до 2029 года (kursiv.media, 2024[66]). Австралийская компания Sarytogan Graphite Ltd. ведет работы на графитовом месторождении «Сарытоган», официально признанном стратегическим ЕС и поддерживаемом ЕБРР. В 2023 году немецкая компания HMS Bergbau приобрела контрольные пакеты по двум лицензиям на добычу и разведку лития, тантала и редкоземельных элементов в восточном Казахстане (Netherlands Enterprise Agency, 2025[67]). В 2025 году американская компания Kaz Critical Minerals и канадская Ivanhoe Mines также получили лицензии на разведку редкоземельных элементов, меди и других металлов (AIFC, 2025[3]). В феврале 2026 года произошло значимое событие, США поддержали сделку на сумму 1,1 млрд долл. США, заключенную калифорнийской компанией Cove Capital для разработки двух месторождений вольфрама к югу от Караганды, что стало первым крупным выходом США на рынок КВМ Центральной Азии (Eurasianet, 2026[68]).

Китайские инвестиции, главным образом со стороны ГП КНР, в горнодобывающий сектор Казахстана продолжают расти, делая Китай ведущим иностранным инвестором в отрасли КВМ страны. Участие Китая охватывает весь цикл от научно-исследовательского сотрудничества до добычи и переработки. В настоящее время Китай поддерживает новый проект по строительству медеплавильного завода стоимостью 1,1 млрд долл. США в Абайской области под руководством KAZ Minerals, который также позволит получать побочные продукты добычи меди, включая золото, серебро и промышленную серную кислоту. Китайские компании активны и в вольфрамовом секторе Казахстана: Jiaxin International Resources Investment реализует совместное предприятие по переработке руды на месторождении «Богуты» в Алматинской области, а East Hope Group поддерживает строительство первого в стране завода по переработке вольфрама и нового вертикально интегрированного комплекса цветной металлургии (Trends Research, 2025[53]).

Кыргызская Республика вновь открывает горнодобывающий сектор для иностранных инвестиций

Отношения между правительством и иностранными инвесторами в горнодобывающем секторе характеризовались частыми разногласиями по социальным и экологическим вопросам, что приводило к неоднократным приостановлениям лицензий, в частности в отношении китайских компаний (Nuraiym, 2025[69]). В 2021 году новый Горный кодекс, который был одобрен, но так и не принят, предусматривал запрет на участие всех иностранных компаний, за исключением уже получивших лицензии, в будущих крупных горнодобывающих проектах, а также передачу всей деятельности по освоению недр под государственный контроль (Mining.com, 2021[70]) (USGS, 2025[71]) (USGS, 2025[72]). В том же году правительство Кыргызской Республики взяло под контроль крупнейшее в стране золоторудное месторождение «Кумтор», ранее эксплуатировавшееся канадской компанией Centerra Gold. Окончательное соглашение между сторонами было достигнуто в 2022 году, после чего месторождение фактически было национализировано и передано под управление «Кыргызалтын» (Mining.com, 2022[73]). Реформа июля 2022 года установила требование, согласно которому не менее 90% работников, занятых на горнодобывающих проектах в Кыргызской Республике, должны быть гражданами страны (World Bank, 2023[9]). В период 2022-2024 годов также вводились временные частичные запреты на экспорт чугунных слитков, лома и отходов черных металлов, золотоносной руды и концентрата, а также угля, что усиливало неопределенность в отношении целей государственной политики в сфере горной добычи (USGS, 2025[72]).

В настоящее время правительство реализует политику, направленную на привлечение новых иностранных инвестиций. Новая Стратегическая программа развития критически важных минералов Кыргызской Республики до 2030 года предусматривает заключение меморандумов о взаимопонимании с зарубежными партнерами и присоединение к международным организациям, таким как Европейский альянс по сырьевым материалам (ERMA) и Ассоциация критически важных минералов (CMA). Вместе с тем данные инициативы пока не привели к существенному притоку иностранных инвестиций в горнодобывающий сектор страны.

Китайские компании в настоящее время являются основными иностранными участниками в секторе добычи золота Кыргызской Республики. В частности, месторождение «Иштамберды» эксплуатируется китайской компанией Full Gold Mining, месторождение «Кичи-Чаарат» принадлежит China National Gold (Nuraiym, 2025[69]), а объект «Талды-Булак Левобережный» разрабатывается группой Zijin Mining в рамках совместного предприятия с «Кыргызалтын» (Trends Research, 2025[53]). Нередки случаи, когда китайские строительные компании владеют долями в подобных проектах, поскольку они также осуществляют строительство дорожной инфраструктуры для транспортировки добытого золота в Китай (Nuraiym, 2025[69]). В последнее время Кыргызская Республика и Китай также запустили стратегическое партнерство в сфере добычи лития (Trends Research, 2025[53]).

Россия остается важным участником в секторе добычи золота Кыргызской Республики, в частности через проекты компаний с российским капиталом Alliance Altyn (Таласская область) и Highland Exploration LLC (Манасская область) (World Bank, 2023[9]). Среди других иностранных участников горнодобывающего сектора Кыргызской Республики - турецкая компания Eti Bakir, осуществляющая разработку золоторудного месторождения «Терексай» в рамках совместного предприятия с «Кыргызалтын», британская компания Chaarat Gold, эксплуатирующая два золоторудных месторождения в Манасской области, и казахстанская компания Kaz Minerals, разрабатывающая золото-медное месторождение «Бозымчак». Кроме того, австралийская компания Vertex Gold Company осуществляет добычу золота в Манасской области (Alliance "For Budget Transparency", 2023[74]).

Узбекистан стремится диверсифицировать партнерства, снижая зависимость от Китая, в частности развивая сотрудничество со странами ЕС и США

В феврале 2026 года Узбекистан и США подписали Меморандум о взаимопонимании по обеспечению поставок в сфере добычи и переработки критически важных минералов и редкоземельных элементов (Tashkent Times, 2026[75]). Правительство также недавно инициировало масштабную программу объемом 2,6 млрд долл. США, направленную на развитие сектора критически важных минералов, рассчитывая, в частности, на инвестиции и поддержку со стороны США (Mining.com, 2025[76]). Уже объявлены проекты с участием транснациональной компании Traxys по разведке и добыче вольфрама, молибдена и меди (Frank.uz, 2025[77]). В 2024 году Узбекистан также подписал Меморандум о взаимопонимании с ЕС в сфере КВМ, предусматривающий перспективу дальнейших инвестиций ЕС в горнодобывающий сектор страны (The Brussels Times, 2025[78]). Иностранное участие в горнодобывающем секторе Узбекистана включает французскую компанию Orano, создавшую совместное предприятие с ГП НавоиУран, осуществляющим добычу урана, а также партнерства с японской JOGMEC и турецкими MTA и Calik Holding (Grata International, 2025[12]). АГМК недавно заключил соглашение о партнерстве с финской компанией Metso по строительству и оснащению нового медеплавильного предприятия (Metso, 2024[79]).

Однако основная часть иностранных инвестиций в горнодобывающий сектор поступает из Китая, который, в частности, поддерживает ряд проектов по созданию мощностей первичной переработки. В Ташкентской области компания Limaomaoli Metal Company строит новый горнодобывающий комплекс в Сюрен-ата, рассчитанный на добычу 2,4 млн тонн руды ежегодно с последующей переработкой в 850 тыс. тонн рудного концентрата. В Наманганской области компания China Mining Energy Group инвестировала 200 млн долл. США в проект в Чустском районе, объединяющий добывающие и перерабатывающие мощности с планируемым годовым производством 30 тыс. тонн рафинированной меди (Trends Research, 2025[53]).

Последние реформы в горнодобывающем секторе по странам

Страны Центральной Азии реформируют правовые основы в сфере добычи полезных ископаемых, при этом реализация новых положений продолжается

В последние годы правовые рамки горнодобывающих отраслей региона претерпели существенные изменения. Казахстан и Кыргызская Республика внесли поправки в действующее законодательство о недропользовании, тогда как Узбекистан принял новый Закон о недрах. Казахстан развивает новые партнерства в рамках стратегии по развитию отрасли критически важных минералов, в то время как Кыргызская Республика и Узбекистан предпринимают шаги по привлечению новых иностранных инвестиций посредством снятия ограничений и принятия нового инвестиционного законодательства.

Казахстан ускорил реформы режима недропользования с целью привлечения инвестиций и поддержки развития сектора критически важных минералов

Кодекс о недрах и недропользовании, принятый в 2017 году и измененный в 2024 году, направлен на привлечение инвестиций в горнодобывающий сектор путем либерализации доступа к геологическим данным, разведке и добыче минералов. Кодекс заменил контрактную модель, предусмотренную законом 2010 года, при которой права на добычу предоставлялись на основе переговорных контрактов или аукционов и требовали длительного согласования с несколькими государственными органами. Новый кодекс ввел упрощенную лицензионную систему для большинства твердых полезных минералов, сохранив контрактный режим для углеводородов и урана. Для твердых полезных ископаемых не содержащих уран права предоставляются в административном порядке на недискриминационной основе по принципу очередности подачи заявок, что позволяет как отечественным, так и иностранным субъектам получать лицензии на геологическое изучение, разведку или добычу (Adilet, 2022[80]).

Добыча твердых минералов осуществляется на основании лицензий и в соответствии с планом горной добычи. Операторы обязаны соблюдать минимальные ежегодные объемы инвестиций, обеспечивать определенную долю локального содержания в закупаемых работах и услугах, а также предоставлять поэтапные финансовые гарантии на закрытие рудников. Срок добычи общераспространенных минералов ограничен 10 годами, тогда как углеводороды и уран остаются в рамках контрактного режима; контракты на добычу урана могут заключаться на срок до 25 лет, включая до четырех лет опытно-промышленной эксплуатации.

Принятый Комплексный план развития отрасли редких и редкоземельных металлов Республики Казахстан на 2024–2028 годы предусматривает внедрение технологий комплексного извлечения КВМ, модернизацию существующей горнодобывающей инфраструктуры, разработку новых стандартов регулирования отрасли и снятие режима секретности в отношении отдельных видов минералов. В рамках данного плана правительство заключило ряд соглашений, в том числе с британской компанией Maritime House Ltd, немецкой HMS Bergbau AG и американской Cove Capital Investments LLC по вопросам разработки и переработки месторождений (Mining See, 2024[81]) (Minex Forum, 2023[82]). Параллельно поправки к Кодексу о недрах, утвержденные в декабре 2025 года, ввели электронные аукционы для предоставления прав недропользования и новый контрактный режим для слабоизученных территорий, предусматривающий приоритет для инвесторов, финансирующих геологические исследования. Реформы также усилили государственный контроль над урановой отраслью посредством расширения приоритетных прав национальной урановой компании (Trend.az, 2025[83]).

Кыргызская Республика завершила разработку новой стратегии по КВМ, которая должна открыть сектор для иностранных инвестиций и обеспечить более прозрачные процедуры лицензирования

Горнодобывающий сектор Кыргызской Республики регулируется Законом о недрах, последняя редакция которого была принята в 2024 году. Государственное агентство по геологии и недропользованию при Министерстве природных ресурсов, экологии и технического надзора отвечает за регулирование недропользования в стране. Лицензии предоставляются посредством конкурсов и аукционов, и реже на основании прямых заявок (Grata International, 2025[8]). Закон предусматривает три основных механизма предоставления прав: конкурсы, аукционы и правило «первой поданной заявки», при этом права также могут предоставляться ГП напрямую по решению Кабинета Министров. Поправки 2024 года уточнили правила проведения аукционов, прямо определив победителем участника, предложившего наибольшую цену; для крупных и средних месторождений золота и серебра победившее предложение должно также предусматривать долю государства. Срок действия лицензий составляет до трех лет для поисковых работ, до четырех лет для разведки и до двадцати лет для добычи, с возможностью продления до полного истощения запасов. После получения лицензии недропользователь обязан уплатить бонус и плату за первый год пользования лицензией, представить технический проект с положительным заключением промышленной, экологической экспертизы и экспертизы по охране недр, а также соблюдать требования по отчетности и платежам.

В рамках лицензии на добычу недропользователь получает исключительное право на разработку месторождения в пределах установленного горного отвода и приобретает право собственности на добытые минералы. Работы по добыче должны осуществляться на основании технического проекта с положительным заключением промышленной, экологической экспертизы и экспертизы по охране недр, при этом операторы обязаны обеспечивать максимально полное извлечение запасов, избегая чрезмерных потерь или выборочной разработки. Недропользователи обязаны соблюдать требования промышленной безопасности и охраны окружающей среды, представлять ежегодные геологические и эксплуатационные отчеты, а также осуществлять рекультивацию земель и работы по закрытию рудников (Government of the Kyrgyz Republic, 2022[84]).

В последние годы правительство вновь открыло горнодобывающий сектор для иностранных инвестиций. В феврале 2024 года был подписан указ Президента о национальном проекте по добыче полиметаллов и редкоземельных элементов, что стало первым шагом к либерализации. В июне 2024 года правительство сняло пятилетний запрет на добычу и геологоразведку урана и тория (The Times of Central Asia, 2024[85]) (Interfax, 2024[86]), что позволило продвинуть такие проекты, как Кызыл-Омпол.

В 2025 году правительство при поддержке Boston Consulting Group завершило разработку Стратегической программы развития критически важных минералов Кыргызской Республики до 2030 года, включающей официальный перечень из 22 минералов, присутствующих в недрах страны и рассматриваемых как критически важные. В Программе правительство признает, что действующее требование о минимальной доле государства в размере 30% во всех проектах по добыче золота и серебра должно быть сбалансировано с задачей привлечения иностранных инвестиций, а также отмечает, что Кыргызская Республика рассматривается международными рейтинговыми агентствами как более рискованная юрисдикция по сравнению с другими странами Центральной Азии. Программа предусматривает увеличение ежегодного объема прямых иностранных инвестиций в горнодобывающий сектор до 700 млн долл. США, запуск не менее пяти новых инвестиционных проектов в сфере добычи и достижение объема экспорта КВМ в размере 1 млрд долл. США в год к 2030 году. Также предусмотрена замена бумажной системы лицензирования цифровой системой с электронными аукционами, а также снижение платы за сохранение лицензий, которая в настоящее время превышает цены в соседних странах. Наконец, создание специальных экономических зон и промышленных кластеров рассматривается как мера стимулирования глубокой переработки КВМ.

Узбекистан обновил законодательство о недрах и инвестициях с целью упрощения процедур лицензирования, расширения прав инвесторов и улучшения доступа к информации и данным

Новый закон Узбекистана о недрах вступил в силу в начале 2025 года, заменив правовую основу 2002 года, при которой процессы лицензирования были фрагментированы, передача прав недропользования ограничена, а доступ к геологическим данным ограничен (Kun.uz, 2024[87]). Закон предусматривает создание механизма «единого окна» для выдачи разрешений на недропользование через Центр по недропользованию и улучшает доступ к геологической и практической информации как для государства, так и для инвесторов. Закон также предоставляет владельцам лицензий право передавать, продавать и закладывать свои права недропользования под государственным надзором, а также вводит экологические стандарты для геологоразведки и разработки проектов (Kun.uz, 2024[88]). Закон был разработан правительством при поддержке ЕБРР с учетом законодательства стран с развитой горнодобывающей отраслью, таких как Канада и Австралия, с целью повышения предсказуемости и прозрачности для потенциальных инвесторов из этих стран (Government of the Republic of Uzbekistan, 2024[89]). Вместе с тем гарантии стабильности контрактов не распространяются на изменения в сфере трудового и экологического законодательства, что позволяет государству вводить новые требования ретроспективно и создает риск регуляторной непредсказуемости. Узбекистан пока не имеет официальной стратегии по критически важным минералам, однако правительство в настоящее время совместно с Boston Consulting Group работает над проектом такого документа.

Центр по недропользованию выдает лицензии на все стадии и виды добычи, включая кустарную добычу. Лицензии могут выдаваться по принципу «первый пришел – первый обслужен» либо через аукционы и конкурсы. Максимальный срок разрешений на добычу, как правило, составляет до 25 лет. Разрешения могут выдаваться только на свободные кадастровые участки; исключаются территории, отнесенные к особо охраняемым природным территориям, зарезервированные для аукционов или конкурсов, находящиеся в процессе государственного геологического изучения либо признанные запрещенными Министерством горнодобывающей промышленности и геологии. Разрешение может быть перерегистрировано в случае изменения кадастровых участков. Владелец разрешения вправе в любое время ходатайствовать об исключении отдельных кадастровых участков при условии, что оставшиеся участки образуют единую непрерывную территорию. Платежи включают сбор за рассмотрение заявки и ежегодный лицензионный платеж (Lex.uz, 2024[90]).

Основные правовые положения в сфере инвестиций закреплены в Законе «Об инвестициях и инвестиционной деятельности», утвержденном в 2025 году: данный закон усиливает защиту инвесторов, увеличивает срок прав пользования земельными участками для инвесторов, снижает минимальную долю участия иностранных инвесторов в уставном капитале с 15% до 10% и повышает правовую определенность (OECD, 2025[91]) (Eurasian Star, 2025[92]). Новый Закон об экологической экспертизе, оценке воздействия на окружающую среду и стратегической экологической оценке предусматривает обязательность проведения оценки воздействия на окружающую среду для соответствующих проектов и программ (Grata International, 2025[12]).

Гендерные вопросы в горнодобывающем секторе

Зеленый и цифровой переход открывают возможности для участия женщин в горнодобывающем секторе, однако их участие остается ограниченным из-за структурных барьеров

По мере продолжения усилий по улучшению условий труда в горнодобывающей отрасли, в дискуссиях по политикам все чаще подчеркивается, что гендерное равенство также является центральным элементом повестки ответственной добычи (ILO, 2021[93]). На глобальном уровне женщины составляют лишь около 15% рабочей силы в горнодобывающей отрасли (World Bank, 2024[94]). Продвижение их равного участия является как глобальным обязательством в рамках Целей устойчивого развития (в частности, ЦУР 5 по обеспечению гендерного равенства и ЦУР 8 по достойной работе и экономическому росту), так и экономической необходимостью, поскольку недоиспользование человеческого капитала женщин сдерживает долгосрочное экономическое развитие (Duflo, 2012[95]) (OECD, 2024[96]). Эмпирические исследования в области экономики труда также показывают, что гендерные барьеры, особенно в высокопроизводительных секторах, таких как крупномасштабная добыча полезных ископаемых, исторически приводили к неэффективному распределению талантов и снижению совокупной производительности, тем самым подавляя объемы производства и замедляя рост ВВП (Hsieh, 2013[97]) (Cuberes, 2016[98]). Недавний анализ ОЭСР также подчеркивает, что увеличение участия женщин приобретает стратегическое значение для долгосрочной конкурентоспособности горнодобывающего сектора. Отраслевые данные показывают, что компании с более гендерно разнообразными руководящими командами на 25% чаще превышают целевые показатели эффективности, а в смешанных по гендерному составу производственных бригадах количество травм примерно на 67% ниже, чем в однородных коллективах (McKinsey & Company, 2023[99]) (OECD, 2025[100]).

Низкая представленность женщин в горнодобывающей отрасли является результатом сочетания давних правовых, культурных и структурных барьеров, ограничивающих их доступ как к традиционным, так и к новым профессиям. Исторически и в глобальном масштабе женщинам запрещалась работа под землей и на опасных горных работах, ограничение, закрепленное Конвенцией МОТ о подземных работах (для женщин) 1935 года (№ 45), которое было отменено лишь в 2024 году (ILO, 2024[101]). Эти законодательные ограничения закрепили укоренившиеся представления о горнодобыче как о физически тяжелой и изначально «мужской» сфере и способствовали формированию производственной культуры, в которой случаи домогательств и гендерной дискриминации хорошо задокументированы. Структурные барьеры также ограничивают занятость женщин в горнодобыче. Гендерный анализ, проведенный в 2019 году в Западной Австралии, показал, что недостаточная доступность услуг по уходу за детьми и базовой социальной инфраструктуры на удаленных объектах, а также продолжительные и негибкие сменные графики отпугивают около 60-70% женщин-кандидатов. В результате женщины остаются сосредоточенными в административных и офисных должностях, тогда как производственные, технические и цеховые позиции остаются преимущественно мужскими. Эти тенденции усиливаются гендерным разрывом в оплате труда в секторе на уровне 15-25% и более высокой распространенностью неполной занятости или временных контрактов среди женщин (OECD, 2025[100]).

Продолжающиеся цифровой и зеленый переходы изменяют спрос на труд в горнодобывающей отрасли и создают новые возможности для расширения участия женщин. Развитие автоматизации, дистанционно управляемой техники и цифровых систем мониторинга снижает физические требования к работе на производственных участках и переносит многие функции с удаленных площадок в городские центры управления, ослабляя структурные барьеры для женщин, такие как длительные и негибкие смены и удаленность от семейной поддержки. Эти переходы также формируют новые рабочие места в сфере программирования, анализа данных, управления дистанционными операциями и экологического мониторинга. Однако для полной реализации этих возможностей необходимы дальнейшие усилия по сокращению гендерного разрыва в STEM-образовании, поскольку женщины составляют лишь 35% выпускников STEM-специальностей и около 40% мировой рабочей силы в сфере STEM, что ограничивает их доступ к формирующим будущее горнодобывающей промышленности высококвалифицированным профессиям (OECD, 2025[100]) (ILOSTAT, 2023[102]) (UNESCO, 2024[103]).

В Центральной Азии опасные условия труда в горнодобывающей отрасли усиливают сохраняющееся гендерное неравенство, поскольку участие женщин по-прежнему ограничивается как физическими рисками, так и устоявшимися правовыми барьерами. На протяжении десятилетий трудовые кодексы стран региона направляли женщин преимущественно в сферу услуг, в частности в здравоохранение и образование. Хотя все три страны Центральной Азии недавно внесли изменения или отменили запреты на занятость женщин в опасных отраслях, ни одна из них не гарантирует равный доступ к занятости в строительстве, обрабатывающей промышленности и горнодобывающем секторе (UNDP, 2016[104]); участие женщин в горнодобывающей отрасли продолжает ограничиваться образовательными разрывами, профессиональной сегрегацией и ограниченными возможностями карьерного роста

Казахстан недавно отменил нормативные ограничения на занятость женщин, в том числе в горнодобывающем секторе

В 2023 году женщины составляли около 17,8% занятых в сфере горной добычи и разработке карьеров в Казахстане (QazStat, 2024[105]), при этом наибольшая доля наблюдалась в металлургии (26%) и добыче металлических руд (23,6%). Производственные должности, такие как работы по добыче на месторождениях, по-прежнему преимущественно занимают мужчины, что отражает наследие длительно действовавших правовых ограничений (EnergyProm, 2019[106]) (Atakhanova and Howie, 2022[107]). В 2021 году в Трудовой кодекс Казахстана были внесены изменения, отменившие ограничения на труд женщин в промышленных профессиях, ранее отнесенных к категории опасных (World Bank, 2023[108]); тем не менее структурные и образовательные факторы продолжают влиять на продвижение к полному гендерному паритету. В 2024 году женщины составляли 31,1% выпускников STEM-специальностей (по сравнению с 35,1% в 2016 году) (World Bank, 2025[109]), при этом особенно низкая представленность отмечается в машиностроении. Кроме того, женщины с образованием в сфере STEM зачастую не выбирают карьеру в горнодобывающей отрасли и других направлениях STEM из-за общественных ожиданий, преобладающих гендерных норм и ограниченной поддержки карьерного развития (CohenMiller, 2021[110]). Ведущие компании, такие как ERG и KAZ Minerals, подтвердили приверженность устранению гендерной дискриминации, сообщив, что женщины составляют соответственно 26,2% и 21% их работников, при этом 38% и 26% руководящих должностей занимают женщины (MINEX Kazakhstan, 2023[111]).

Кыргызская Республика располагает более подробными данными о занятости женщин в горнодобывающем секторе, однако их участие остается ограниченным

Таблица 1.2. Занятость в сфере горной добычи и разработке карьеров в Кыргызской Республике по профессиональным группам (ISCO-1) и полу, 2022 год (%)

Код ISCO	Основная группа ISCO	Мужчины (%)	Женщины (%)	Всего (%)
1	Менеджеры	1.93	-	1.80
2	Специалисты	4.93	26.30	6.32
3	Технические специалисты и младшие специалисты	5.24	-	4.90
4	Канцелярские работники	1.04	-	0.98
5	Работники сферы обслуживания и продаж	8.43	31.00	9.91
7	Ремесленники и работники смежных профессий	15.42	-	14.41
8	Операторы и сборщики оборудования и станков	45.66	-	42.67
9	Профессии начального уровня	17.35	42.70	19.01
Всего	100.00	100.00	100.00	100.00

Источник: (StatKG, 2023[112]), анализ ОЭСР.

Таблица 1.3. Занятость в сфере горной добычи и разработке карьеров в Кыргызской Республике по профессиональным группам (ISCO-1) и полу, в относительном выражении к общей численности занятых соответствующего пола, 2022 год (%)

Код ISCO	Основная группа ISCO	Мужчины (%)	Женщины (%)	Всего (%)
1	Менеджеры	1.80	-	-
2	Специалисты	4.61	1.71	6.32
3	Технические специалисты и младшие специалисты	4.90	-	-
4	Канцелярские работники	0.97	-	-

5	Работники сферы обслуживания и продаж	7.88	2.03	9.91
7	Ремесленники и работники смежных профессий	14.41	-	-
8	Операторы и сборщики оборудования и станков	42.67	-	-
9	Профессии начального уровня	16.22	2.8	19.02
Всего		**93.46**	**6.54**	**100.00**

Источник: (StatKG, 2023[112]), анализ ОЭСР.

В 2022 году женщины составляли 6,54% всех занятых в добывающем секторе Кыргызской Республики (StatKG, 2023[112]). Более детальная гендерная диагностика, проведенная среди 10 крупных горнодобывающих компаний страны, показала, что в 2021 году женщины составляли лишь 12% работников проанализированных компаний, при этом только 7% занимали руководящие должности (Alliance "For Budget Transparency", 2023[74]). В этой связи Стратегическая программа развития критически важных минералов Кыргызской Республики до 2030 года предусматривает увеличение доли женщин в секторе критически важных минералов до 15%. В более широком контексте женщины в стране преимущественно заняты в третичных секторах, таких как недвижимость, образование и здравоохранение, где средний уровень заработной платы ниже, тогда как мужчины чаще работают в промышленности, включая строительство и горнодобывающую отрасль (StatKG, 2023[112]). Поправки к Трудовому кодексу Кыргызской Республики, принятые в 2025 году, отменили ограничения на занятость женщин (за исключением беременных и кормящих женщин) почти по 400 профессиям, отнесенным к категории опасных, включая подземные горные работы и тяжелые физические работы (The Times of Central Asia, 2025[113]). Тем не менее практические и культурные факторы продолжают влиять на участие женщин в этих секторах: сравнительно небольшое число девушек выбирают обучение по специальностям в сфере горного дела или инженерии, что приводит к ограниченному числу квалифицированных кандидаток (GIZ, 2014[114]). Недавние международные инициативы направлены на устранение этих пробелов; например, в 2023-2024 годах ПРООН реализовала в Кыргызской Республике программу наставничества и развития лидерских качеств, направленную на увеличение представленности женщин в STEM-направлениях, где в настоящее время они составляют лишь около 34% выпускников (UNDP, 2024[115]) (World Bank, 2025[109]).

Крупнейшие горнодобывающие ГП Узбекистана и профильное министерство реализовали инициативы по продвижению занятости женщин в горнодобывающем секторе

В настоящее время женщины составляют 16% рабочей силы в горнодобывающей отрасли Узбекистана. С 2019 года ограничения на занятость женщин были сняты в ряде отраслей; однако в горнодобывающей и металлургической промышленности сохраняются отдельные ограничительные нормы (The Times of Central Asia, 2024[116]). Ведущие горнодобывающие компании начали продвигать инициативы в области гендерного равенства: в 2024 году Навоийский горнометаллургический комбинат (НГМК) присоединился к инициативе Международной организации женщин в горнодобывающей промышленности (IWiM) в качестве партнера и в настоящее время сообщает, что женщины составляют более 13% его персонала, включая примерно 13% руководящих должностей (NMMC, 2024[117]). В 2025 году Алмалыкский горнометаллургический комбинат (АГМК) и немецкий банк KfW создали совместное «Общество женщин-лидеров Узбекистана и Европы», которое организовало ряд конференций по продвижению женского лидерства, а также программы наставничества и амбассадорства для расширения участия женщин в горнодобывающем секторе. Министерство горнодобывающей промышленности и геологии также публично поддерживает участие женщин, сообщая о стабильном росте числа студенток, обучающихся по геологическим специальностям. В 2024 году женщины составили 30,5% выпускников STEM-специальностей в Узбекистане, что соответствует региональным тенденциям (Ministry of Mining Industry and Geology of the Republic of Uzbekistan, 2025[118]) (World Bank, 2025[109]).

Аспекты государственной политики

Усиление геологического картирования посредством возобновления разведки и гармонизации отчетности о запасах

Правительствам стран Центральной Азии следует рассмотреть возможность расширения проектов по изучению недр с целью предоставления отечественным компаниям и потенциальным инвесторам более полной информации о видах минералов и масштабах имеющихся запасов. Правительствам также следует рассмотреть возможность предоставления большего числа лицензий на разведку иностранным компаниям и создания совместных предприятий в сфере геологоразведки. Системы отчетности о минеральных запасах должны быть гармонизированы не только со странами-членами CRIRSCO, но и внутри Центральной Азии:

- Казахстан, уже являющийся членом CRIRSCO, мог бы завершить переход на стандарты отчетности CRIRSCO и полностью отказаться от системы ГКЗ в пользу системы KAZRC.
- Кыргызская Республика и Узбекистан могли бы завершить переход на стандарты CRIRSCO и рассмотреть возможность присоединения к CRIRSCO.

Помимо Кыргызской Республики, которая уже имеет официальный перечень критически важных минералов, Казахстан и Узбекистан также могли бы рассмотреть возможность публикации аналогичного перечня, включающего минералы, которые они считают критически важными и/или стратегическими для своих экономик.

Разъяснение законодательства и правил для потенциальных инвесторов

Правительствам следует рассмотреть возможность предоставления инвесторам четких разъяснений относительно законодательства и нормативных требований, касающихся налогообложения доходов от горнодобывающей деятельности, а также экологических и социальных стандартов. Это позволит избежать будущих недоразумений и разногласий между инвесторами и государствами, что приведет к сокращению числа судебных разбирательств и прекращений проектов. Более полное, четкое и систематизированное предоставление информации и разъяснений в данной сфере позволит правительствам легче привлекать иностранные инвестиции и будет способствовать более информированному взаимодействию различных сторон в процессе добычи полезных ископаемых.

Продвижение справедливых условий найма и развития навыков для более инклюзивного и продуктивного горнодобывающего сектора

Расширение участия женщин в горнодобывающей отрасли требует устранения как сохраняющихся правовых барьеров, так и более широких структурных ограничений. Правительства и компании могли бы рассмотреть возможность усиления реализации норм трудового законодательства, обеспечивающих гендерное равенство, поощрения справедливых практик найма, включая использование структурированных или автоматизированных инструментов подбора персонала, способствующих снижению предвзятости, а также формирования рабочей среды, в большей степени поддерживающей инклюзивность (Вставка 1.3). Опираясь на существующие региональные инициативы, поддерживаемые международными организациями, правительства стран Центральной Азии могли бы инвестировать в расширение возможностей для профессионального развития и обучения женщин в соответствующих областях с целью увеличения числа квалифицированных кандидаток. Горнодобывающие компании также могли бы содействовать карьерному продвижению женщин путем создания дополнительных возможностей для перехода на технические и руководящие должности и повышения видимости вклада женщин в развитие отрасли. В долгосрочной перспективе более эффективное использование человеческого капитала женщин будет способствовать повышению эффективности рынков труда в регионе.

Вставка 1.3. Автоматизированные инструменты найма для более справедливого процесса подбора персонала: платформа «Applied»

Предвзятость в процессах найма может ограничивать доступ женщин в традиционно мужские сектора, такие как горнодобывающая отрасль. Внедрение более структурированных или поддерживаемых технологиями методов может способствовать повышению справедливости на этапе первичного отбора. Одним из примеров является «Applied», британская платформа по подбору персонала, основанная на принципах поведенческих наук, которая поддерживает отбор кандидатов на основе навыков и ограничивает роль субъективных суждений при принятии решений о найме.

«Applied» предоставляет широкий спектр структурированных инструментов оценки, включая аналитические и числовые задания, вопросы ситуационного суждения и краткие задания по моделированию рабочих задач, а также анонимизированный анализ резюме и структурированные интервью. Процесс отбора предусматривает анонимизацию ответов кандидатов, их оценку по отдельным компетенциям и независимое выставление баллов несколькими экспертами. Затем платформа объединяет полученные оценки в единый рейтинг для поддержки более последовательных и основанных на фактических данных решений. «Applied» также включает инструменты для анализа языка описаний вакансий на предмет возможной предвзятости и предоставляет аналитические данные, позволяющие организациям отслеживать показатели разнообразия.

Хотя подобные инструменты не способны устранить более широкие структурные барьеры для участия женщин в горнодобывающей отрасли, изложенные в настоящей главе, они могут дополнять более широкие политики и корпоративные усилия, поощряя более прозрачные и справедливые практики найма и способствуя выявлению кандидаток, которые в противном случае могли бы быть исключены на этапе первичного отбора.

Источник: (Be Applied, 2025[119])

Сбор гендерно-дезагрегированных данных для информирования выработки политики и поддержки занятости женщин в горнодобывающем секторе

Более широкая доступность гендерно-дезагрегированных данных в статистике горнодобывающей отрасли позволила бы получать более подробную информацию об участии женщин и их ролях в секторе, а также о трудностях, с которыми они сталкиваются. В то время как в Кыргызской Республике гендерно-дезагрегированные данные по горнодобывающему сектору доступны, в Казахстане и Узбекистане ситуация иная. Расширение доступности таких данных помогло бы правительствам, ГП и отечественным частным компаниям разрабатывать целевые и основанные на фактических данных политики по интеграции гендерно-специфических целей. Дезагрегированные данные позволили бы оценивать не только различия в экономическом воздействии горнодобывающего сектора на мужчин и женщин, но и его социальное и культурное влияние, что дало бы возможность лицам, принимающим решения, формировать адресные меры по улучшению возможностей занятости и условий труда для женщин в горнодобывающей отрасли.

Структура отчета

Опираясь на настоящий анализ, последующие главы рассматривают три ключевых измерения устойчивого управления КВМ, которые в совокупности обеспечивают социальную, экологическую и экономическую устойчивость отрасли. В следующей главе анализируется, каким образом **ответственное ведение бизнеса (ОВБ)** может способствовать управлению социальными и этическими рисками по всей цепочке создания стоимости КВМ, обеспечивая положительный вклад горнодобывающей деятельности в развитие местных сообществ. В дальнейшей главе внимание уделяется **управлению экологическими рисками** и определяются инструменты государственной политики, позволяющие согласовать развитие КВМ с целями климатической и ресурсной устойчивости. Заключительная глава посвящена вопросам **налоговой политики и незаконного финансирования**, анализируя, каким образом прозрачные и справедливые налоговые механизмы могут укрепить государственные доходы и сократить размывание налоговой базы и вывод прибыли.

Ссылки

ADB (2024), *Unlocking Transport Connectivity in the Caucasus and Central Asia*, https://www.adb.org/sites/default/files/publication/1009086/unlocking-transport-connectivity-caucasus-and-central-asia.pdf (accessed on 10 November 2025). [32]

Adilet (2022), *О недрах и недропользовании*, https://adilet.zan.kz/rus/docs/K1700000125 (accessed on 12 September 2025). [80]

AIFC (2025), *Kazakhstan as a Minerals Investment Hub: Unlocking Potential through the AIFC*, https://aifc.kz/wp-content/uploads/2025/09/mining-report-aifc-2025-eng.pdf. [3]

AIFC (2024), *The reserves of critical raw materials allow Kazakhstan to become a leading supplier in the energy transition*, https://aifc.kz/news/the-reserves-of-critical-raw-materials-allow-kazakhstan-to-become-a-leading-supplier-in-the-energy-transition/ (accessed on 1 August 2025). [125]

Alliance "For Budget Transparency" (2023), *ГЕНДЕРНАЯ ДИАГНОСТИКА ГОРНОДОБЫВАЮЩЕЙ ОТРАСЛИ В КЫРГЫЗСТАНЕ*, https://resourcejustice.org/ru/25308/ (accessed on 4 December 2025). [74]

Atakhanova, Z. and P. Howie (2022), “Women in Kazakhstan’s Energy Industries: Implications for Energy Transition”, *Energies*, https://doi.org/10.3390/en15134540 (accessed on 23 October 2025). [107]

Atlantic Council (2025), *Central Asia’s geography inhibits a US critical minerals partnership*, https://www.atlanticcouncil.org/blogs/energysource/central-asias-geography-inhibits-a-us-critical-minerals-partnership/ (accessed on 5 August 2025). [51]

Be Applied (2025), *Hire faster and smarter without bias*, https://www.beapplied.com/ (accessed on 4 December 2025). [119]

Carnegie Endowment (2025), *Can Central Asia Secure Growth With Rising Critical Minerals Investments?*, https://carnegieendowment.org/russia-eurasia/politika/2025/01/central-asia-crm-offers?lang=en (accessed on 30 July 2025). [11]

Cbonds (2024), *Rhenium reserves Kazakhstan (annual frequency)*, https://cbonds.com/indexes/193891/ (accessed on 31 July 2025). [123]

Center of Global Energy Policy at Columbia (2023), *Central Asia's Overlooked Energy Crisis: What It Means for the Global Gas Market*, https://www.energypolicy.columbia.edu/central-asias-overlooked-energy-crisis-what-it-means-for-the-global-gas-market/ (accessed on 5 August 2025). [52]

Central Asian Geoportal (2025), *Geoportal of Kyrgyzstan - Ore Minerals*, https://geoportal-kg.org/ore-minerals/ (accessed on 22 July 2025). [129]

CIS Legislation (2024), *LAW OF THE REPUBLIC OF UZBEKISTAN About Subsoil*, https://cis-legislation.com/document.fwx?rgn=163156 (accessed on 9 December 2025). [57]

CohenMiller, N. (2021), "Gender Equity in STEM Higher Education in Kazakhstan", https://www.researchgate.net/publication/363415085_Gender_Equity_in_STEM_Higher_Education_in_Kazakhstan (accessed on 23 October 2025). [110]

CRIRSCO (2025), *Members*, https://crirsco.com/members/ (accessed on 1 August 2025). [59]

CRIRSCO (2022), *Progress of the CRIRSCO implementation in the Kyrgyz Republic*, https://crirsco.com/progress-of-crirsco-implementation-in-the-kyrgyz-republic/ (accessed on 13 October 2025). [61]

Cuberes, T. (2016), "Aggregate Effects of Gender Gaps in the Labor Market: A Quantitative Estimate", https://www.jstor.org/stable/26456402?seq=1 (accessed on 24 November 2025). [98]

Daryo.uz (2024), *Kyrgyzstan's 70 coal deposits hold 24bn tons of reserves*, https://daryo.uz/en/2024/06/21/kyrgyzstans-70-coal-deposits-hold-24bn-tons-of-reserves (accessed on 18 August 2025). [132]

DGAP (2025), *Rethinking EU Strategy in Central Asia*, https://dgap.org/en/research/publications/rethinking-eu-strategy-central-asia (accessed on 10 November 2025). [35]

Duflo, E. (2012), "Women Empowerment and Economic Development", https://economics.mit.edu/sites/default/files/2022-08/Women%20Empowerment%20and%20Economic%20Development%202012.pdf (accessed on 24 November 2025). [95]

EEAS (2025), *Global Gateway: 3rd EU-Central Asia Economic Forum - Key Deliverables*, https://www.eeas.europa.eu/delegations/uzbekistan/global-gateway-3rd-eu-central-asia-economic-forum-key-deliverables_en?s=233 (accessed on 9 December 2025). [38]

EIB (2025), *Kazakhstan: EIB Global lends €200 million to Development Bank of Kazakhstan to support energy and transport infrastructure*, https://www.eib.org/en/press/all/2025-140-eib-global-lends-eur200-million-to-development-bank-of-kazakhstan-to-support-energy-and-transport-infrastructure (accessed on 10 November 2025). [37]

EITI (2022), *Отчёт ИПДО Кыргызской Республики*. [131]

Energy Research & Social Science (2026), *Critical minerals and the shaping of Central Asian economies through the ages*, https://doi.org/10.1016/j.erss.2025.104507 (accessed on 18 February 2026). [18]

EnergyProm (2019), *Женщины-геологи в РК зарабатывают больше мужчин: в нефтяном секторе — на 7%, в сфере добычи угля — сразу на 23%*, https://energyprom.kz/articles-ru/industries-ru/zhenshiny-geologi-v-rk-zarabatyvayut-bolshe-muzhchin-v-neftyanom-sektore-na-7-v-sfere-dobychi-uglya-srazu-na-23/#:~:text=%D0%9F%D1%80%D0%B8%D0%BC%D0%B5%D1%87%D0%B0%D1%82%D0%B5%D0%BB%D1%8C%D0%BD%D0%BE%2C%20%D (accessed on 23 October 2025). [106]

E-Qazyna (2025), *Minerals*, https://minerals.e-qazyna.kz/en/start (accessed on 1 August 2025). [124]

ERAI (2023), *Cargo flows between Uzbekistan and the European Union: opportunities and constraints for rail transit*, https://index1520.com/upload/medialibrary/dbe/zhaxnhmutw5vvlm7jo2zm8xhe1nz9a55/231227_OTLK_en.pdf (accessed on 12 February 2026). [28]

Eurasian Star (2025), *Uzbekistan Investment Law: Key Updates and Insights*, https://www.eurasianstar.com/uzbekistan-parliament-approves-new-investment-law/ (accessed on 31 July 2025). [92]

Eurasianet (2026), *Cove Kaz Capital CEO lays out vision as US puts minerals at heart of Central Asia strategy*, https://eurasianet.org/cove-kaz-capital-ceo-lays-out-vision-as-us-puts-minerals-at-heart-of-central-asia-strategy (accessed on 11 February 2026). [68]

Euratom Supply Agency (2025), *Annual Report 2024*, https://euratom-supply.ec.europa.eu/publications/esa-annual-reports_en (accessed on 7 November 2025). [23]

Euratom Supply Agency (2025), *Annual Report 2024*, https://euratom-supply.ec.europa.eu/document/download/4991f977-5fa7-415e-8b7f-04714f01c533_en?filename=202509773_PDFA2A_MJ0125120ENA_002.pdf (accessed on 10 November 2025). [41]

European Commission (2025), *Critical Raw Materials*, https://single-market-economy.ec.europa.eu/sectors/raw-materials/areas-specific-interest/critical-raw-materials_en (accessed on 1 August 2025). [48]

European Commission (2025), *Joint press release on the EU-Central Asia Summit*, https://ec.europa.eu/commission/presscorner/detail/en/ip_25_983 (accessed on 10 November 2025). [36]

Forbes.kz (2025), *Уголь насущный: успеет ли Казахстан сократить выбросы к 2060 году*, https://forbes.kz/articles/ugol-nasushnyy-uspeet-li-kazahstan-sokratit-vybrosy-k-2060-godu (accessed on 18 August 2025). [127]

Frank.uz (2025), *Traxys and Uzbekistan are launching $1 billion worth of critical mineral extraction projects*, https://frank.uz/en/news-en/traxys-and-uzbekistan-are-launching-1-billion-worth-of-critical-mineral-extraction-projects/ (accessed on 20 October 2025). [77]

Geoportal of Uzbekistan (2025), *Mineral Resources*, https://www.geoportal-uz.org/mineral-resources/ (accessed on 31 July 2025). [134]

GIZ (2014), *Kyrgyzstan: Gender Analysis for GIZ Programme Mineral Resources for Development*, https://gender-works.giz.de/competitions/kyrgyzstan-gender-analysis-for-giz-programme-mineral-resources-for-development/ (accessed on 23 October 2025). [114]

Government of the Kyrgyz Republic (2022), *Концепция развития геологической и горнодобывающей отрасли Кыргызской Республики на 2023-2035 годы*, https://mnr.gov.kg/storage/npa/files/32/%D0%9F%D1%80%D0%BE%D0%B5%D0%BA%D1%82_%D0%9A%D0%BE%D0%BD%D1%86%D0%B5%D0%BF%D1%86%D0%B8%D0%B8_5.12.2022_1-64885ce83c3cc.pdf. [128]

Government of the Kyrgyz Republic (2022), *Сборник нормативных правовых актов в области охраны окружающей среды*, https://aarhus.kg/wp-content/uploads/2023/09/Sbornik-NPA-Tom-1.pdf (accessed on 10 December 2025). [84]

Government of the Kyrgyz Republic (2018), *Закон КР от 19 мая 2018 года № 49 "О недрах"*, https://www.google.com/url?sa=t&rct=j&q=&esrc=s&source=web&cd=&cad=rja&uact=8&ved=2ahUKEwjKxqfh4q6RAxUbaqQEHa68PDcQFnoECAsQAQ&url=https%3A%2F%2Fcbd.minjust.gov.kg%2F4-2593%2Fedition%2F1198304%2Fru&usg=AOvVaw2NUB08I4cDTYs-lGmZvuh9&opi=89978449 (accessed on 8 December 2025). [56]

Government of the Republic of Uzbekistan (2024), *The Law 'On Subsoil' was adopted*, https://gov.uz/en/mingeo/news/view/26149 (accessed on 31 July 2025). [89]

Government of the Republic of Uzbekistan (2023), *Annual Mining Report 2023*, https://api-portal.gov.uz/uploads/15cc8922-2c58-829b-bc3a-4ab208da4812_media_6716.pdf. [13]

Grata International (2025), *GILS Mining: Kazakhstan*, https://gratanet.com/publications/gils-gornodobyvausaa-promyslennost-kazahstan?region=kazakhstan (accessed on 1 September 2025). [4]

Grata International (2025), *GILS Mining: Kyrgyzstan*, https://gratanet.com/publications/gils-mining-kyrgyzstan?region=tajikistan (accessed on 1 August 2025). [8]

Grata International (2025), *GILS Mining: Uzbekistan*, https://gratanet.com/publications/gils-mining-uzbekistan (accessed on 31 July 2025). [12]

Hsieh (2013), "THE ALLOCATION OF TALENT AND U.S. ECONOMIC GROWTH", https://www.nber.org/system/files/working_papers/w18693/w18693.pdf (accessed on 24 November 2025). [97]

ILO (2024), *Abrogation of four international labour Conventions*, https://www.ilo.org/sites/default/files/wcmsp5/groups/public/@ed_norm/@relconf/documents/meetingdocument/wcms_861902.pdf. [101]

ILO (2021), *Women in mining Towards gender equality*, https://www.ilo.org/sites/default/files/wcmsp5/groups/public/%40ed_dialogue/%40sector/documents/publication/wcms_821061.pdf (accessed on 24 November 2025). [93]

ILOSTAT (2023), *Where women work: female-dominated occupations and sectors*, https://ilostat.ilo.org/where-women-work-female-dominated-occupations-and-sectors/ (accessed on 24 November 2025). [102]

IMF (2025), *World Economic Outlook*, https://www.imf.org/-/media/files/publications/weo/2025/october/english/text.pdf (accessed on 9 January 2026). [1]

IMF (2025), *World Economic Outlook*, https://www.imf.org/-/media/files/publications/weo/2025/october/english/text.pdf (accessed on 26 January 2026). [2]

Interfax (2025), *Cargo transportation by railway between Kazakhstan and China increases 13% in 2024*, https://interfax.com/newsroom/top-stories/109195/#:~:text=Jan%2016%20(Interfax)%20%2D%20The,of%20Kazakhstan%27s%20Transport%20Ministry%20said. (accessed on 12 February 2026). [25]

Interfax (2024), *Kyrgyzstan ready to lift ban on uranium production*, https://interfax.com/newsroom/top-stories/102750/ (accessed on 22 July 2025). [86]

Interfax (2024), *Kyrgyzstan resumes uranium extraction - law*, https://interfax.com/newsroom/top-stories/103792/ (accessed on 22 July 2025). [130]

Jp-kz.org (2016), *Exploration of Tungsten and Molybdenum Deposit "South Zhaur" in the Karaganda Region of the Republic of Kazakhstan*, https://www.jp-kz.org/data/proposal/4.%20South%20Zhaur.pdf (accessed on 22 July 2025). [122]

Kazinform (2025), *Kazakhstan discovers 38 promising mineral deposits in Q1 2025*, https://qazinform.com/news/kazakhstan-discovers-38-promising-mineral-deposits-in-q1-2025-138a49 (accessed on 21 July 2025). [7]

Kazphosphate (2025), *Kazphosphate Mining and Processing Complex*, https://www.kpp.kz/en/branches/gorno-pererabatyvayushhii-kompleks-karatau?id=23 (accessed on 21 July 2025). [121]

KAZRC (2021), *Kazakhstan Public Recording Code for Exploration Results, Mineral Resources and Mineral Reserves (KAZRC)*, https://kazrc.kz/wp-content/uploads/2021/08/KAZRC.pdf (accessed on 1 August 2025). [60]

Kun.uz (2024), *Uzbekistan enacts revised law on subsoil resources to attract investment and ensure sustainable use*, https://kun.uz/en/news/2024/11/02/uzbekistan-enacts-revised-law-on-subsoil-resources-to-attract-investment-and-ensure-sustainable-use (accessed on 11 November 2025). [87]

Kun.uz (2024), *Uzbekistan enacts revised law on subsoil resources to attract investment and ensure sustainable use*, https://www.kun.uz/en/news/2024/11/02/uzbekistan-enacts-revised-law-on-subsoil-resources-to-attract-investment-and-ensure-sustainable-use (accessed on 31 July 2025). [88]

kursiv.media (2024), *Subsidiary of British mining company to search for lithium in eastern Kazakhstan*, https://kz.kursiv.media/2024-04-22/zhnb-riotintolithiumkz/ (accessed on 11 February 2026). [66]

Lex.uz (2024), *Закон Республики Узбекистан О недрах*, https://lex.uz/en/docs/7182163 (accessed on 23 October 2025). [90]

Liang, K. (2023), "Increase in demand for critical materials under IEA Net-Zero emission by 2050 scenario", *Applied Energy*, Vol. 346, https://doi.org/10.1016/j.apenergy.2023.121400. [45]

McKinsey & Company (2023), *Increasing diversity in mining: Three years on*, https://www.mckinsey.com/industries/metals-and-mining/our-insights/increasing-diversity-in-mining-three-years-on (accessed on 24 November 2025). [99]

Metso (2024), *Metso books first parts of the orders related to Almalyk MMC's copper smelter project in Uzbekistan*, https://www.metso.com/corporate/media/news/2024/10/metso-books-first-parts-of-the-orders-related-to-almalyk-mmcs-copper-smelter-project-in-uzbekistan/ (accessed on 20 October 2025). [79]

Minex Forum (2025), *Kazakhstan Unveils Ambitious Mining Reforms at PDAC-2025 Forum in Toronto*, https://minexforum.com/2025/03/19/kazakhstan-unveils-ambitious-mining-reforms-at-pdac-2025-forum-in-toronto/ (accessed on 5 August 2025). [49]

Minex Forum (2023), *Kazakhstan has developed a comprehensive plan for the development of rare earth metals for five years*, https://minexforum.com/2023/11/03/kazakhstan-has-developed-a-comprehensive-plan-for-the-development-of-rare-earth-metals-for-five-years/ (accessed on 22 July 2025). [82]

MINEX Kazakhstan (2023), *Highest-paying mining industries still out of reach for women*, https://2023.minexkazakhstan.com/2023/03/17/highest-paying-mining-industries-still-out-of-reach-for-women/ (accessed on 23 October 2025). [111]

Mining See (2024), *Kazakhstan's rare earth deposits: A strategic asset for clean technology and international collaboration*, https://www.miningsee.eu/kazakhstans-rare-earth-deposits-a-strategic-asset-for-clean-technology-and-international-collaboration/#:~:text=Data%20from%20the%20National%20Geological%20Service%20also%20indicates,28%2C100%20tons%2C%20beryllium%20with%2058%2C00 (accessed on 21 July 2025). [120]

Mining See (2024), *The Kazakhstan Rare and Rare Earth Metals Industry set to expand with new investment and partnerships*, https://www.miningsee.eu/the-kazakhstan-rare-and-rare-earth-metals-industry-set-to-expand-with-new-investment-and-partnerships/ (accessed on 22 July 2025). [81]

Mining Technology Insights (2025), *Uzbekistan's $2.6B Plan Aims to Reshape Global Mineral Market*, https://miningtechnologyinsights.com/2025/03/19/uzbekistans-2-6b-plan-aims-to-reshape-global-mineral-market/ (accessed on 5 August 2025). [50]

Mining.com (2025), *Op-Ed: How NMMC became the golden asset of Uzbekistan's economy*, https://www.mining.com/op-ed-how-nmmc-became-the-golden-asset-of-uzbekistans-economy/ (accessed on 31 July 2025). [63]

Mining.com (2025), *Uzbekistan launches $2.6B initiative to bolster minerals sector*, https://www.mining.com/uzbekistan-launches-2-6b-initiative-to-bolster-minerals-sector/ (accessed on 1 October 2025). [76]

Mining.com (2022), *Centerra Gold hands Kumtor mine to Kyrgyzstan, ending dispute*, https://www.mining.com/centerra-gold-hands-kumtor-mine-to-kyrgyzstan-ending-dispute/ (accessed on 22 July 2025). [73]

Mining.com (2021), *Kyrgyzstan bans foreign companies from future mining projects*, https://www.mining.com/web/kyrgyzstan-bans-foreign-companies-from-future-mining-projects/ (accessed on 22 July 2025). [70]

Ministry of Justice of the Republic of Kazakhstan (2019), *On approval of the Rules for transportation of cargo by railway transport*, https://adilet.zan.kz/eng/docs/V1900019188 (accessed on 12 February 2026). [30]

Ministry of Mining Industry and Geology of the Republic of Uzbekistan (2025), *Women in the geological sector of Uzbekistan*, https://gov.uz/en/mingeo/news/view/79906 (accessed on 23 October 2025). [118]

Ministry of Mining Industry and Geology of the Republic of Uzbekistan (2024), *Uzbekistan's Critical Minerals: Unlocking Investment Opportunities for the Clean Energy Transition*, https://asiacleanenergyforum.adb.org/wp-content/uploads/2024/06/Kuhinur-Shukurjonov.pdf (accessed on 31 July 2025). [133]

Netherlands Enterprise Agency (2025), *Critical raw materials sector in Kazakhstan*. [67]

NMMC (2024), *NMMC Champions Gender Agenda by Joining International Women in Mining*, https://www.ngmk.uz/en/press-center/news-and-press-releases/1948-nmmc-champions-gender-agenda-by-joining-international-women-in-mining/ (accessed on 23 October 2025). [117]

Nuraiym, L. (2025), *Case Study 4.2 - The Impact of Chinese Investments on the Gold Mining Sector in Kyrgyzstan*, https://www.cambridge.org/core/books/casebook-on-chinese-outbound-investment/impact-of-chinese-investments-on-the-gold-mining-sector-in-kyrgyzstan/50F9D8BBE4F7421B8464E6412BC936CA. [69]

Observatory of Economic Complexity (2025), *Kazakhstan*, https://oec.world/en/profile/country/kaz (accessed on 14/04/2025). [40]

Observatory of Economic Complexity (2025), *Kyrgyzstan*, https://oec.world/en/profile/country/kgz (accessed on 20 March 2025). [42]

Observatory of Economic Complexity (2025), *Uzbekistan*, https://oec.world/en/profile/country/uzb (accessed on 5/03/2025). [43]

OEC (2025), , https://oec.world/en (accessed on 27 June 2025). [22]

OECD (2025), *Enhancing the Competitiveness of the Trans-Caspian Transport Corridor in Central Asia*, OECD Publishing. [31]

OECD (2025), *Mining for talent*, https://www.oecd.org/content/dam/oecd/en/publications/reports/2025/06/mining-for-talent_ca2ef39b/d89677f7-en.pdf (accessed on 24 November 2025). [100]

OECD (2025), *Roadmap for Sustainable Investment Policy Reforms in Uzbekistan*. [91]

OECD (2024), *Gender Equality and Economic Growth: Past progress and future potential*, https://www.oecd.org/content/dam/oecd/en/publications/reports/2024/03/gender-equality-and-economic-growth_7d0c8365/fb0a0a93-en.pdf (accessed on 23 October 2025). [96]

OECD (2024), *Making critical minerals work for sustainable growth and development*, https://www.oecd.org/en/topics/sustainable-mining-for-development.html (accessed on 21 July 2025). [46]

OECD (2023), *Raw Materials Critical for the Green Transition: Production, International Trade and Export Restrictions*, OECD Publishing, https://www.oecd.org/content/dam/oecd/en/publications/reports/2023/04/raw-materials-critical-for-the-green-transition_85a69007/c6bb598b-en.pdf. [44]

OECD (2021), *Improving the Legal Environment for Business and Investment in Central Asia*, OECD Publishing, https://www.oecd.org/en/publications/improving-the-legal-environment-for-business-and-investment-in-central-asia_d3d8daca-en.html. [39]

OECD (2018), *Reform of the Mining Sector in Kazakhstan: Investment, Sustainability, Competitiveness*, https://www.oecd.org/content/dam/oecd/en/publications/reports/2018/08/reform-of-the-mining-sector-in-kazakhstan_d1c6c8b4/2a7555f0-en.pdf (accessed on 8 December 2025). [54]

OSJD (2026), *Member countries*, https://en.osjd.org/ (accessed on 12 February 2026). [29]

Primeminister.kz (2025), *Investment in Geological Sector Growing Annually – Ministry of Industry and Construction*, https://primeminister.kz/en/news/investment-in-geological-sector-growing-annually-ministry-of-industry-and-construction-30711 (accessed on 8 December 2025). [55]

QazStat (2024), *Women and men of Kazakhstan 2019-2023*, https://stat.gov.kz/upload/iblock/6b4/e2spyxs1nfjyld3ovbpyca056e0ey3cq/%D0%A1-11-%D0%93%20(%D0%B0%D0%BD%D0%B3%D0%BB).pdf (accessed on 23 October 2025). [105]

Resource World Magazine (2020), *Uzbekistan aims to become one of world's largest gold producers*, https://resourceworld.com/uzbekistan-aims-to-become-one-of-worlds-largest-gold-producers/ (accessed on 18 February 2026). [20]

stat.gov.kg (2025), *О деятельности транспорта в Кыргызской Республике в 2024г.*, https://stat.gov.kg/media/files/32e73408-f129-46fb-af43-8fb6b67a3290.pdf (accessed on 12 February 2026). [27]

StatKG (2023), *ЖЕНЩИНЫ И МУЖЧИНЫ КЫРГЫЗСКОЙ РЕСПУБЛИКИ 2018-2022*, https://stat.gov.kg/media/publicationarchive/4379def4-3fa9-4932-ae72-884f4b04b73b.pdf (accessed on 23 October 2025). [112]

Tashkent Times (2026), *Uzbekistan, United States sign Critical Minerals MoM*, https://tashkenttimes.uz/national/16916-uzbekistan-united-states-sign-critical-minerals-mom (accessed on 5 February 2026). [75]

The Astana Times (2025), *UK, Kazakhstan Explore Critical Minerals Partnership with Strategic Depth*, https://astanatimes.com/2025/06/uk-kazakhstan-explore-critical-minerals-partnership-with-strategic-depth/ (accessed on 30 July 2025). [64]

The Astana Times (2025), *Why Safe-Haven Asset Matters and How Kazakhstan is Betting on Gold*, https://astanatimes.com/2025/09/why-safe-haven-asset-matters-and-how-kazakhstan-is-betting-on-gold/ (accessed on 17 February 2026). [15]

The Astana Times (2024), *Kazakhstan Increases Uranium Shipments via Trans-Caspian International Transport Route*, https://astanatimes.com/2024/05/kazakhstan-increases-uranium-shipments-via-trans-caspian-international-transport-route/ (accessed on 10 November 2025). [33]

The Brussels Times (2025), *Uzbekistan and EU: Significance and prospects in critical minerals*, https://www.brusselstimes.com/1801528/uzbekistan-and-eu-significance-and-prospects-in-critical-minerals (accessed on 12 November 2025). [78]

The Times of Central Asia (2025), *Containerization: A Game-Changer in Global Logistics*, https://timesca.com/containerization-a-game-changer-in-global-logistics/ (accessed on 12 February 2026). [26]

The Times of Central Asia (2025), *Kazakhstan to Boost Oil Exports to Turkey via BTC Pipeline*, https://timesca.com/kazakhstan-to-boost-oil-exports-to-turkey-via-btc-pipeline/ (accessed on 10 November 2025). [34]

The Times of Central Asia (2025), *New Labor Code Comes Into Force in Kyrgyzstan*, https://timesca.com/new-labor-code-comes-into-force-in-kyrgyzstan/ (accessed on 23 October 2025). [113]

The Times of Central Asia (2025), *Sharp Rise in Global Gold Prices Expected to Benefit Kyrgyz Economy*, https://timesca.com/sharp-rise-in-global-gold-prices-expected-to-benefit-kyrgyz-economy/ (accessed on 18 February 2026). [17]

The Times of Central Asia (2024), *Kazakhstan's Rail Transportation of Cargo Rises to Over 122 Million Tons*, https://timesca.com/kazakhstans-rail-transportation-of-cargo-rises-to-over-122-million-tons/ (accessed on 12 February 2026). [24]

The Times of Central Asia (2024), *New Era of Mining Starts in Kyrgyzstan*, https://timesca.com/the-new-era-of-mining-starts-in-kyrgyzstan/ (accessed on 22 July 2025). [85]

The Times of Central Asia (2024), *Uzbekistan's First Quarter 2024 Gold Exports Rise to $2.66 Billion*, https://timesca.com/uzbekistans-first-quarter-2024-gold-exports-rise-to-2-66-billion/ (accessed on 18 February 2026). [19]

The Times of Central Asia (2024), *Women in Uzbekistan May Now Drive Buses and Heavy Trucks*, https://timesca.com/women-in-uzbekistan-may-now-drive-buses-and-heavy-trucks/ (accessed on 23 October 2025). [116]

Trend.az (2025), *Kazakhstan introduces new model for subsoil use rights in hydrocarbons and uranium sectors*, https://www.trend.az/casia/kazakhstan/4125485.html (accessed on 9 December 2025). [83]

Trends Research (2025), *Differentiated Engagement: China's Adaptive Strategy for Critical Minerals in Central Asia*, https://trendsresearch.org/insight/differentiated-engagement-chinas-adaptive-strategy-for-critical-minerals-in-central-asia/ (accessed on 6 August 2025). [53]

U.S. Geological Survey (2025), *Critical Minerals in Orogenic (Gold) and Coeur d'Alene-Type Mineral Systems of the United States*, https://doi.org/10.3133/dr1198 (accessed on 18 February 2026). [21]

UK Critical Minerals Intelligence Centre (2024), *UK 2024 Criticality Assessment*, https://nora.nerc.ac.uk/id/eprint/539735/1/OR24059.pdf. [47]

Ulba.kz (2026), *Ulba Metallurgical Plant - Production*, https://ulba.kz/en/production (accessed on 18 February 2026). [62]

UNDP (2024), *UNDP contributes to the building future of women's leadership in STEM*, https://www.undp.org/kyrgyzstan/press-releases/undp-contributes-building-future-womens-leadership-stem#:~:text=Dogdurkul%20Kendirbaeva%2C%20Minister%20of%20Education,to%20establish%20feedback%20with%20students (accessed on 23 October 2025). [115]

UNDP (2016), *Gender inequalities in labour markets in Central Asia*, https://files.acquia.undp.org/public/migration/eurasia/Gender-inequalities-in-labour-markets-in-Central-Asia.pdf#:~:text=Asian%20%20%20countries,these (accessed on 23 October 2025). [104]

UNESCO (2024), *Gender Report - Technology on her terms*, https://unesdoc.unesco.org/ark:/48223/pf0000389406 (accessed on 24 November 2025). [103]

US Department of State (2025), *A New Era in U.S.-Kazakhstan Relations*, https://www.state.gov/releases/office-of-the-spokesperson/2025/11/a-new-era-in-u-s-kazakhstan-relations (accessed on 12 November 2025). [65]

USGS (2025), *2022 Minerals Yearbook: Kyrgyzstan*, https://pubs.usgs.gov/myb/vol3/2022/myb3-2022-kyrgyzstan.pdf. [71]

USGS (2025), *2023 Minerals Yearbook: Kyrgyzstan*, https://pubs.usgs.gov/myb/vol3/2023/myb3-2023-kyrgyzstan.pdf. [72]

USGS (2024), *Barite*, https://pubs.usgs.gov/periodicals/mcs2024/mcs2024-barite.pdf. [126]

uzgeo.uz (2025), *Geological data is being digitized*, https://uzgeo.uz/ru/news/geologik-malumotlar-raqamlashtirilmoqda (accessed on 9 December 2025). [58]

Vakulchuk, O. (2021), “Central Asia is a missing link in analyses of critical materials for the global”, *One Earth*, https://doi.org/10.1016/j.oneear.2021.11.012. [6]

World Bank (2025), *Kyrgyz Republic Country Economic Memorandum*, https://documents1.worldbank.org/curated/en/099060325113092254/pdf/P180956-f7efb47c-2095-46e9-8fa8-51d24d5b5559.pdf. [10]

World Bank (2025), *Share of graduates by field, female (%)*, https://genderdata.worldbank.org/en/indicator/se-ter-grad-fe-zs?fieldOfStudy=Science%2C+Technology%2C+Engineering+and+Mathematics+%28STEM%29&year=2016 (accessed on 23 October 2025). [109]

World Bank (2024), *Breaking barriers for women in mining*, https://blogs.worldbank.org/en/energy/breaking-barriers-for-women-in-mining-#:~:text=Women%20make%20up%20only%2015,robust%20safety%20protocols%E2%80%8B%E2%80%8B. (accessed on 23 October 2025). [94]

World Bank (2023), *Kazakhstan*, https://wbl.worldbank.org/content/dam/documents/wbl/2023/snapshots/Kazakhstan.pdf (accessed on 10 23 2025). [108]

World Bank (2023), *Mining Sector Diagnostic - Kazakhstan*, https://documents1.worldbank.org/curated/en/099081823001539573/pdf/P17674501063760b08b290a4ae6547845d.pdf#:~:text=This%20report%20is%20the%20result%20of%20the%20Kazakhstan,consultant%29%2C%20Timur%20Odilov%2C%20Tatyana%20Sedova%20and%20Helga%20Treichel. [16]

World Bank (2023), *Mining Sector Diagnostic - Kyrgyz Republic*, https://documents1.worldbank.org/curated/en/099081623044079341/pdf/P17582903fc8890509e870f396f978774e.pdf. [9]

World Nuclear Association (2025), *Uranium and Nuclear Power in Kazakhstan*, https://world-nuclear.org/information-library/country-profiles/countries-g-n/kazakhstan (accessed on 21 July 2025). [5]

World Nuclear Association (2025), *Uranium in Uzbekistan*, https://world-nuclear.org/information-library/country-profiles/countries-t-z/uzbekistan (accessed on 31 July 2025). [14]

Приложение1.А. Основные горнодобывающие проекты в Центральной Азии

Таблица 1.A.1. Основные действущие горнодобывающие проекты в Центральной Азии

Страна	Оператор	Страна оператора	Проекты	Минералы/металлы
Казахстан	Тау-Кен Самрук	Местная компания	Тау-Кен Алтыны	Золото
			Завод по добыче и переработке в Шалкии	Свинец, цинк
			Месторождение Алейгир	Свинец, серебро
	Казатомпром	Местная компания	Металлургический завод Ульба	Тантал, бериллий, ниобий
	АО Кармет	Местная компания	Оркенско-Лисаковская шахта	Железная руда
			Угольное отделение / Восточная шахта	Уголь
			Завод Темиртау	Сталь
	ERG	Местная компания	Завод Казхром	Хром, феррохром, ферросплавы
			Ассоциация горнодобывающей промышленности Соколов-Сарбай	Железная руда
			Алюминий Казахстана/Казахстанский алюминиевой плавильный завод	Алюминий
			Шубаркол Комир	Уголь
	Казахмыс	Местная компания	Жезказганский комплекс	Медь, золото, серебро
			Балхашский комплекс	Медь, цинк
	Казцинк/Glencore	Местная компания (иностранное владение)	Комплекс Риддера	Свинец, цинк
			Комплекс Эскемен	Свинец, цинк
	Solidcore Eurasia	Местная компания	Кизильский кластер	Золото
			Хаб Варвара	Золото
			Месторождение Сырымбет	Олово, полиметаллы
	KAZ Minerals	Местная компания	Открытый карьер Бозшаколь	Медь, золото, серебро
			Открытый карьер Актогая	Медь
	Central Asia Metals	Великобритания	Рудник и завод Коунрад	Медь
	Sarytogan Graphite Ltd.	Австралия	Месторождение Сарытоган	Графит
	Jiaxin International Resources	Китай	Рудник Богуты	Вольфрам
Кыргызская Республика	Кыргыззалтын	Местная компания	Рудник Кумтор	Золото
			Руудник Макмал	Золото
			Кара-Балтинский аффинажный завод	Золото
	Альянс Алтын	Россия	Рудник Джерой	Золото
	Zijin Mining	Китай	Рудник Талдыбулак	Золото

			Левобережный	
	Highland Exploration LLC	Россия	Месторождение Ункурташ	Золото
	Eti Bakir Tereksay	Турция	Месторождение Тереккан	Золото
	Full Gold Mining	Китай	Месторождение Иштамберди	Золото
	Chaarat Gold Holdings	Великобритания	Группа месторождений Чаарат	Золото
	Kaz Minerals	Казахстан	Рудник Бозымчак	Медь, золото
Узбекистан	Nurlikum Mining (Навоиуран, Orano, и Itochu Corporation)	Местная компания / Франция / Япония	Южный Дженгельди	Уран
	UzTMK	Внутренние	Месторождение Тасказган	Графит
	АО Шаргункумир совместно с China Railway Tunnel Group и China Coal Technology and Engineering	Местная компания / Китай	АО Шаргункомир	Уголь
	Triangul Metals Tebinbulak	Местная компания	Тебинбулак	Железная руда
	Навоиский горнометаллургический комбинат (НГМК)	Местная компания	Рудник Мурунтау	Золото
	АГМК, Enter Engineering и Уралмашзавод	Местная компания / Россия	Месторождение Йошлык I	Медь

Источник: Анализ ОЭСР.

Приложение1.В. Обеспеченность КВМ в Центральной Азии

Таблица 1.В.1. Обеспеченность КВМ в Казахстане

Название	Запасы (метрические тонны)	Год данных
Алюминий (включая бокситы)	275,000,000	2023
Барит	85,000	2023
Бериллий	58,000	2024
Висмут	5,800	2016
Кадмий	85,233	2021
Хром	320,000,000	2025
Уголь	170,000,000,000	2025
Кобальт	208,121	2021
Медь	20,000,000	2025
Германий	4,372	2021
Графит	488,400	2021
Железо	26,700,000,000	2023
Свинец	14,100,00	2023
Литий	75,600	2024
Магний	400	2025
Марганец	656,000,000	2023
Молибден	1,000,000	2024
Никель	2,000,000	2025
Ниобий	28,100	2024
Фосфат	1,580,000,000	2025
Редкоземельные элементы	> 613	2025
Рений	190	2024
Кремний	5,090,000	2021
Серебро (кг)	48,153	2021
Тантал	4,600	2024
Олово	192,375	2021
Титан	45,608,070	2021
Вольфрам	2,000,000	2025
Ванадий	800	2025
Цинк	7,600,000	2025

Примечание: В данный перечень включены только те запасы минералов, по которым были найдены данные. Другие КВМ, присутствующие в Казахстане, включают мышьяк, полевой шпат, галлий, гафний, гелий, магнезит, селен и натрий.
Источник: (AIFC, 2025[3]) (Vakulchuk, 2021[6]) (Mining See, 2024[120]) (Kazphosphate, 2025[121]) (Jp-kz.org, 2016[122]) (Cbonds, 2024[123]) (E-Qazyna, 2025[124]) (AIFC, 2024[125]) (USGS, 2024[126]) (Forbes.kz, 2025[127])

Таблица 1.B.2. Обеспеченность КВМ в Кыргызской Республике

Название	Запасы (метрические тонны)	Год данных
Алюминий (включая бокситы)	199,470,800	2022
Сурьма	273,484.5	2022
Мышьяк	94,718	2022
Барит	86,000	2022
Бериллий	25,247.2	2022
Висмут	6,227.7	2022
Кадмий	353.6	2021
Хром	390,000	2021
Уголь	24,000,000,000	2024
Кобальт	273	2022
Медь	796,000	2022
Флуоршпат	4,105,000	2022
Графит	272,215	2021
Индий	2,617	2021
Железо	472,200	2022
Свинец	47,700	2022
Литий	13,923	2021
Марганец	48,144.6	2022
Молибден	3,733.3	2022
Редкоземельные элементы	63,300	2022
Селен	2.7	2021
Серебро	973.8	2022
Теллур	1,524.5	2021
Олово	209,764.3	2022
Вольфрам	123,160.2	2022
Цинк	32,100	2022

Примечание: В данный перечень включены только те запасы минералов, по которым были найдены данные. Другие КВМ, присутствующие в Кыргызской Республике, включают никель и титан.
Источник: (Government of the Kyrgyz Republic, 2022[128]) (Vakulchuk, 2021[6]) (Central Asian Geoportal, 2025[129]) (Interfax, 2024[130]) (EITI, 2022[131]) (Daryo.uz, 2024[132])

Таблица 1.B.3. Обеспеченность КВМ в Узбекистане

Название	Запасы (метрические тонны)	Год данных
Алюминий (включая бокситы)	12,700	2021
Кобальт	645	2021
Медь	24,800,000	2024
Германий	74.6	2024
Графит	1,300,000	2024
Индий	38.9	2024
Железо	22,000,000	2021
Свинец	413,000	2021
Литий	178,500	2024
Марганец	173,000	2021
Молибден	373,400	2024

Никель	3,700	2021
Фосфаты	300,000,000	2025
Рений	804.2	2024
Селен	26,300	2024
Кремний	12,000	2021
Серебро	27,000	2024
Теллур	2,800	2024
Олово	9,500	2021
Титан	350,000,000	2021
Вольфрам	2,600	2024
Ванадий	112.7	2024
Цинк	4,549,000	2021

Примечание: В данный перечень включены только те запасы минералов, по которым были найдены данные. Другие КВМ, присутствующие в Узбекистане, включают кадмий, магний, ниобий, металлы платиновой группы, редкоземельные элементы и тантал.
Источник: (Vakulchuk, 2021[6]) (Ministry of Mining Industry and Geology of the Republic of Uzbekistan, 2024[133]) (Geoportal of Uzbekistan, 2025[134])

2 Продвижение стандартов ответственного ведения бизнеса (ОВБ) в цепочках поставок минеральных ресурсов

Правительства стран Центральной Азии начали внедрять меры по продвижению ответственного ведения бизнеса (ОВБ), в том числе политики, поддерживающие применение стандартов ОЭСР в горнодобывающем и металлургическом секторах. Посредством политик, обеспечивающих внедрение ОВБ в сферах трудовых отношений, взаимодействия с заинтересованными сторонами, социального диалога и диалога с сообществами, противодействия коррупции и надлежащей проверки происхождения минерального сырья, регион может укрепить позиции в качестве надежного центра добычи, торговли и переработки критически важных минералов.

Введение

Центральная Азия обладает значительным горнодобывающим сектором и постепенно внедряет меры в области ответственного ведения бизнеса для усиления вклада сектора в устойчивое развитие. Это проясняется на фоне растущего интереса лиц, формирующих политики, к укреплению устойчивости поставок критически важных минералов (смотреть в Главе 1).

Такая динамика привела к выдвижению ряда поддерживаемых государствами инициатив, охватывающих механизмы смешанного финансирования, стратегическое создание запасов, финансирование экспорта и развития, механизмы установления минимальных цен и сотрудничество с товарными трейдерами, все из которых также будут играть роль в поддержке рынков критически важных минералов, основанных на стандартах G7. В этом контексте ОВБ имеет двойную цель: помимо обеспечения развития горнодобывающего сектора в соответствии с ожиданиями в области достойного труда, охраны окружающей среды и добропорядочности государственного сектора, оно также может способствовать привлечению в регион новых инвестиций в критически важные минералы из более разнообразных источников за счет содействия более эффективному развертыванию смешанного финансирования и связанных с ним инициатив, поддерживаемых государствами.

Европейский союз, Соединенные Штаты и Соединенное Королевство уже заключили меморандумы о взаимопонимании с Казахстаном и Узбекистаном в области критически важных минералов. В протяжении недавней работы ОЭСР в регионе, включая многосторонние консультации в Казахстане, Кыргызской Республике и Узбекистане, был получен устойчивый вывод: инвесторы, трейдеры и государственные финансовые институты будут расширять участие только при условии достаточной прочности механизмов ответственного ведения бизнеса, должной осмотрительности и прозрачности для борьбы с коррупцией, а также для управления экологическими и социальными рисками на уровне сообществ, которые могут задерживать, нарушать или срывать реализацию горнодобывающих проектов.

Таким образом, Центральная Азия располагает возможностью согласовать национальные политики со стандартами ОЭСР, уже встроенными в рыночные требования, такие как правила ответственного снабжения Лондонской биржи металлов. Рекомендации, представленные в настоящем отчете, представляют собой отправные точки для снижения инвестиционных рисков, расширения доступа к инструментам смешанного финансирования и содействия более плавной интеграции региона в рынки, основанные на стандартах.

Структура главы

Хотя горнодобывающий сектор в Центральной Азии традиционно доминировался местными государственными предприятиями (ГП), участие иностранных государственных и частных субъектов повышается, в частности в таких минералах как графит в Казахстане, сурьма в Кыргызской Республике или медь в Узбекистане. Данная диверсификация сопровождается ростом ожиданий от предприятий по устранению неблагоприятных воздействий, связанных с их деятельностью, содействию социально-экономическому благополучию местных сообществ и внедрению более устойчивых практик горной добычи. Эти ожидания, лежащие в основе «социальной лицензии на деятельность», все чаще распространяются и на традиционно доминирующие ГП, поскольку внедрение ряда устойчивых практик в настоящее время является условием получения международного финансирования крупных проектов (Daryo.uz, 2023[1]). В этом контексте предприятиям, осуществляющим деятельность в горнодобывающем секторе

Центральной Азии и закупающим сырье в регионе, важно соблюдать стандарты ответственного ведения бизнеса (ОВБ).

В главе рассматриваются три ключевые темы ОВБ:

- **Управление в горнодобывающем секторе:** включает обзор действующих политик в области ОВБ, имеющих отношение к горнодобывающему сектору, а также рисков, связанных с коррупцией и антиконкурентными практиками.
- **Трудовые права:** включает государственные политики и политики ГП по продвижению ОВБ в части соблюдения трудовых прав в горнодобывающем секторе.
- **Содержательное вовлечение местных сообществ:** включает государственные политики и практики горнодобывающих компаний в отношении консультаций с местными сообществами и их участия в принятии решений по горнодобывающим проектам в целях смягчения неблагоприятных социальных и экологических последствий горной добычи.

Глава начинается с обзора стандартов ОВБ и их взаимосвязи с институциональными изменениями в регионе, после чего рассматриваются три указанные темы в контексте горнодобывающих секторов Казахстана, Кыргызской Республики и Узбекистана, а затем приводятся рекомендации.

Стандарты ОЭСР по ОВБ для многонациональных предприятий и ГП

Руководящие принципы ОЭСР для многонациональных предприятий по ответственному ведению бизнеса (Руководящие принципы для МНП) представляют собой ожидания правительств в отношении того, каким образом компании должны устранять фактические и потенциальные неблагоприятные воздействия своей деятельности, продукции и услуг, а также цепочек поставок на людей, окружающую среду и общество. Они применяются к предприятиям и инвесторам всех секторов, независимо от размеров и форм собственности, и охватывают все ключевые вопросы устойчивого развития – от изменения климата до технологий, от противодействия коррупции до прав человека и трудовых стандартов (OECD, 2023[2]). Стандарты ОЭСР в области ОВБ предполагают, что компании осуществляют должную осмотрительность, основанную на оценке рисков, которая включает шесть этапов:

- интеграцию принципов ответственного ведения бизнеса в политики и системы управления;
- выявление и оценку фактических или потенциальных неблагоприятных воздействий на людей, окружающую среду и общество;
- прекращение, предотвращение или смягчение таких воздействий;
- мониторинг реализации и результатов;
- коммуникация информации о том, каким образом устраняются воздействия; и
- обеспечение или содействие предоставлению средств правовой защиты в соответствующих случаях.

Содержательное взаимодействие с заинтересованными сторонами имеет важное значение на всех этапах процесса должной осмотрительности, в частности в случаях, когда предприятие могло причинить неблагоприятное воздействие или способствовать его возникновению. ОЭСР разработала отраслевые руководства для дополнения и практической реализации Руководящих принципов для МНП, включая Руководство по должной осмотрительности для ответственных цепочек поставок минеральных ресурсов (Руководство ОЭСР по минералам) и Руководство по должной осмотрительности для содержательного взаимодействия с заинтересованными сторонами в добывающем секторе (Руководство ОЭСР по взаимодействию с заинтересованными сторонами). Как и Руководящие принципы для МНП, данные документы являются правовыми инструментами ОЭСР и представляют собой рекомендации, адресованные странами-членами ОЭСР и другими присоединившимися государствами предприятиям, осуществляющим деятельность на их территории или из нее. Хотя сами стандарты носят добровольный характер, Руководство по минералам было интегрировано в правовые требования, правила товарных бирж или иные рыночные ожидания в отношении 15 видов минералов и металлов по всему миру, включая металлы, торгуемые на Лондонской бирже металлов.

Правительства, соблюдающие стандарты ОЭСР по ОВБ, также обязаны создать Национальный контактный центр (НКЦ) по вопросам ОВБ. НКЦ являются национальными органами, учрежденными 52 присоединившимися правительствами для продвижения и поддержки ответственного ведения бизнеса. Они повышают осведомленность о Руководящих принципах, предоставляют рекомендации заинтересованным сторонам и функционируют в качестве внесудебного механизма рассмотрения жалоб, рассматривая «конкретные случаи», связанные с предполагаемым несоблюдением компаниями положений Руководящих принципов. НКЦ также могут поддерживать усилия своих правительств по формированию политики в области ОВБ и обязаны действовать в соответствии с критериями эффективности ОЭСР, включая видимость, доступность, прозрачность, подотчетность и беспристрастность. Казахстан присоединился к Руководящим принципам ОЭСР для многонациональных предприятий по ОВБ в 2017 году и создал НКЦ (см. Вставка 2.2).

ОЭСР также разработала Руководящие принципы по корпоративному управлению государственными предприятиями (Руководящие принципы по ГП) (OECD, 2024[3]). ГП нередко выступают субъектами, формирующими рынок в экономиках, где доминирует горнодобывающий сектор. Их практика может устанавливать де-факто стандарты для частных операторов и поставщиков. Двойственная роль государства как собственника и регулятора создает как возможности (т.е. согласованность политик, прямую реализацию национальных приоритетов развития), так и риски (т.е. конфликты интересов, ослабление регуляторного надзора) (OECD, 2025[4]). Руководящие принципы по ГП рассматривают обоснование государственной политики необходимости государственной собственности, прозрачного управления во избежание конфликтов интересов, для конкурентной нейтральности, раскрытия информации и обеспечения добропорядочности. Обновление 2024 года дополнило Руководящие принципы по ГП положениями в области устойчивого развития по следующим направлениям:

- **принятие и доведение до сведения заинтересованных сторон ожиданий государства в области ОВБ** через политику собственности;
- **обеспечение строгого разграничения функций государства как собственника и как регулятора** во избежание конфликтов интересов и обеспечения равных условий конкуренции;
- **обеспечение формирования совета директоров из квалифицированных, независимых и профессиональных членов**, обладающих полномочиями и автономией для осуществления объективного суждения и эффективного надзора за деятельностью руководства;
- **приведение отчетности и раскрытия информации в области устойчивого развития в соответствие с высококачественными, признанными международными стандартами**;
- интеграция аспектов устойчивого развития в системы управления рисками и внутреннего контроля ГП, **в том числе посредством применения должной осмотрительности, основанной на оценке рисков**;
- **развитие и поощрение содержательного взаимодействия с заинтересованными сторонами**, в частности с лицами или группами, которые могут иметь интерес к деятельности предприятия или подвергаться ее воздействию.

Создание благоприятных условий политики для ответственного ведения бизнеса

Управление в горнодобывающем секторе

ОЭСР разработала инструменты и предоставила рекомендации для правительств в целях обеспечения более эффективного управления. Некоторые из них не являются специфичными для горнодобывающего сектора, однако вполне имеют к нему отношение. К ним относятся создание независимого и специализированного антикоррупционного органа (OECD, 2025[5]), уполномоченного проводить расследования, в том числе в отношении ГП; интеграция ОВБ в процесс принятия ключевых бизнес-решений ГП в качестве эффективного инструмента управления рисками (OECD, 2022[6]); формирование надежной и прозрачной системы государственных закупок, обеспечивающей доступность процедур государственных закупок, добросовестную конкуренцию между поставщиками и эффективный мониторинг исполнения контрактов (OECD, 2025[7]); а также присоединение к инструментам ОВБ, их продвижение и мониторинг, включая Руководящие принципы для многонациональных предприятий по ОВБ и отраслевые стандарты, такие как Руководство ОЭСР по минералам (OECD, 2016[8]) и Руководство ОЭСР по взаимодействию с заинтересованными сторонами (OECD, 2017[9]). Рекомендация о роли государства в продвижении ответственного ведения бизнеса предусматривает принятие надлежащих мер для обеспечения доступа лиц, затронутых несоблюдением компаниями стандартов ОВБ, к эффективным судебным или внесудебным механизмам правовой защиты (OECD, 2022[10]). Инструменты ОЭСР в области ОВБ также устанавливают ожидания в отношении проведения должной осмотрительности в цепочках поставок компаний, обеспечивая добросовестность торговли минералами через решения компаний в сфере закупок.

Ожидания в области ОВБ распространяются на ГП в той же мере, что и на частные компании, и могут играть особенно важную роль в таких секторах, как горнодобывающий, где ГП нередко занимают доминирующее положение, вплоть до выполнения квазирегуляторных функций. Политики ГП в области ОВБ могут способствовать формированию положительной практики для частных компаний, например посредством последовательного раскрытия информации, связанной с ОВБ, и описания того, каким образом осуществлялась должная осмотрительность (OECD, 2023[2]), наряду с проведением экологических оценок, а также наличия внутри государственных предприятий систем внутреннего контроля, программ по этике и комплаенсу для эффективного предотвращения, выявления и устранения коррупции, особенно в крупных ГП, где могут возникать ситуации конфликта интересов.

Вставка 2.1. Инициатива прозрачности добывающих отраслей (ИПДО)

Инициатива прозрачности добывающих отраслей (ИПДО) является многосторонней инициативой, направленной на продвижение прозрачности, подотчетности и открытого управления природными ресурсами, в частности в нефтяном, газовом и горнодобывающем секторах. Основанная в 2003 году, она призвана решать проблемы, возникающие в ситуациях, когда доходы от добычи ресурсов утрачиваются вследствие коррупции или ненадлежащего управления.

В рамках ИПДО каждая страна-участница формирует многостороннюю группу, состоящую из представителей правительства, гражданского общества и отраслевых заинтересованных сторон, для надзора за реализацией процесса ИПДО. Страны ежегодно публикуют отчеты ИПДО, включающие данные о контрактах, лицензиях, объемах производства, распределении доходов и расходах, связанных с добывающим сектором.

Стандарт ИПДО, последний раз обновленный в 2023 году, устанавливает критерии, которым должны соответствовать страны и компании для признания их соответствующими требованиям ИПДО. Данный стандарт охватывает прозрачность по всей цепочке создания стоимости – от предоставления лицензий и заключения контрактов до сбора и распределения доходов. Оценка стран проводится по шкале от «удовлетворительно» до «недостаточно».

Казахстан и Кыргызская Республика являются странами, внедряющими стандарт ИПДО.

Источник: (EITI, 2025[11]) (UK EITI, 2025[12])

Трудовые права

Соблюдение трудовых прав, включая свободу объединения и ведение коллективных переговоров, является неотъемлемой частью ответственного ведения бизнеса, в том числе в горнодобывающем секторе. В соответствии с Руководящими принципами ОЭСР для МНП предприятия должны уважать права работников в соответствии с Декларацией МОТ об основополагающих принципах и правах в сфере труда, включая свободу объединения и право на ведение коллективных переговоров, эффективную ликвидацию детского труда, устранение всех форм принудительного или обязательного труда, недопущение дискриминации в сфере занятости и профессии, а также содействие созданию безопасных и здоровых условий труда. Эти принципы и права также получили развитие в форме конкретных прав и обязательств в конвенциях МОТ.

Эффективная защита трудовых прав требует наличия ряда политико-правовых рамок, начиная с четкой законодательной базы или государственной стратегии в области защиты труда (OECD, 2025[7]), в рамках которых государство взаимодействует с бизнесом и профсоюзами и обеспечивается эффективный диалог между руководством и работниками по вопросам труда, безопасности и занятости. К другим необходимым условиям относятся эффективные механизмы рассмотрения жалоб для обеспечения справедливой компенсации пострадавшим в результате несчастных случаев и предотвращения несчастных случаев на рабочем месте в будущем; а также наличие достаточного кадрового обеспечения уполномоченных органов с мандатом на проведение внеплановых инспекций труда (OECD, 2025[7]). Правительства могут играть важную роль в защите этих прав, а ГП в горнодобывающем секторе могут служить примером их соблюдения.

Содержательное консультирование с местными сообществами

Содержательное взаимодействие с заинтересованными сторонами является ключевым элементом процесса должной осмотрительности в горнодобывающем секторе и способствует предотвращению конфликтов с местными сообществами и сбоев в цепочках поставок. В ряде случаев заинтересованные стороны имеют право быть проконсультированным. Четкие ожидания в отношении обязательных процедур оценки рисков включают проведение Оценки воздействия на окружающую среду (ОВОС), Стратегической экологической оценки (СЭО) и Оценки социального воздействия (ОСВ) горнодобывающих проектов. Для крупных горнодобывающих проектов взаимодействие с заинтересованными сторонами может принимать различные формы, включая проведение общественных консультаций с обеспечением публичного доступа к кратким итоговым материалам, участие в выездных оценках и распространение их результатов, а также обеспечение справедливого распределения выгод с местными сообществами.

Программы корпоративной социальной ответственности (КСО), как правило, основываются на филантропических подходах к управлению отношениями между компанией и сообществами. Хотя такие мероприятия могут дополнять усилия в области ОВБ, они также могут выходить за рамки стандартов ОВБ и не заменяют должную осмотрительность, сосредоточенную на фактических или потенциальных неблагоприятных воздействиях, которые предприятие может причинить, к которым может способствовать или с которыми может быть напрямую связано через деловые отношения. В определенных условиях инициативы КСО, тем не менее могут способствовать благополучию сообществ, повышению местного принятия проектов и управлению рисками.

Управление в горнодобывающем секторе Центральной Азии

Казахстан продвигает ОВБ и управление минеральными ресурсами, но мог бы более эффективно решить проблемы коррупции, незаконной добычи полезных ископаемых и цепочек поставок с высоким уровнем риска

Казахстан в последние годы предпринял шаги по внедрению стандартов ОВБ. Это единственная страна региона, присоединившаяся к Декларации ОЭСР о международных инвестициях и многонациональных предприятиях и к Руководящим принципам ОЭСР для многонациональных предприятий по ОВБ (OECD, 2025[13]). Соответственно, с 2017 года в Казахстане функционирует Национальный контактный центрпо вопросам ОВБ (см. Вставка 2.2) (OECD, 2026[14]). Казахстан также присоединился к Рекомендациям Совета ОЭСР в отношении Руководства ОЭСР по минералам в 2017 году и Руководства ОЭСР по взаимодействию с заинтересованными сторонами в 2017 году, а также к Руководству ОЭСР по должной осмотрительности для ответственного ведения бизнеса в 2018 году (OECD, 2018[15]) и к Рекомендации о роли государства в продвижении ответственного ведения бизнеса в 2023 году. В октябре 2024 года Казахстан обязался разработать декларацию по ОВБ с установлением ожиданий для инвесторов (OECD, 2025[7]).

Вставка 2.2. Национальный контактный центр (НКЦ) в Казахстане

НКЦ Казахстана функционирует на базе Института экономических исследований при Министерстве национальной экономики. НКЦ имеет многостороннюю структуру, включающую представителей государственных органов, бизнеса и гражданского общества. Представители профсоюзов привлекаются к участию на индивидуальной основе в зависимости от конкретного случая.

С 2020 года деятельность НКЦ стала более активной. НКЦ опубликовал Руководящие принципы ОЭСР и Руководство по должной осмотрительности на своем веб-сайте, а также (со-) организовал мероприятия по продвижению ОВБ. В НКЦ поступило семь обращений по «конкретным случаям», связанным с предполагаемым несоблюдением Руководящих принципов (все в 2021-2023 годах). Из них:

- пять не были приняты к дальнейшему рассмотрению;
- одно было завершено без достижения соглашения, поскольку компания отказалась участвовать в процессе НКЦ ; и
- одно завершилось достижением соглашения между сторонами.

НКЦ также играет все более значимую роль в обеспечении согласованности политики в области ОВБ в Казахстане. В частности, НКЦ выполняет функции секретариата рабочей группы по разработке Национального плана действий в сфере бизнеса и прав человека.

Источник: (OECD, 2025[7])

Казахстан является участником ИПДО с 2007 года (EITI, 2025[11]). В ходе Валидации 2025 года Казахстан получил сравнительно низкий балл (56 баллов) за внедрение Стандарта ИПДО 2019 года. Валидация отметила прогресс в части публичных обязательств на высоком уровне в отношении процесса ИПДО, создания комплексной нормативно-правовой базы для сектора и повышения прозрачности в отношении ГП. Вместе с тем было рекомендовано предпринять дополнительные усилия для укрепления благоприятной среды для участия гражданского общества в процессах ИПДО и пересмотреть общие политики в области конфиденциальности бенефициарной собственности, раскрытия контрактов, данных о производстве и экспорте, а также подписных бонусов. Казахстан присоединился к возглавляемому США Партнерству по обеспечению безопасности поставок минералов с целью укрепления устойчивости цепочек поставок критически важных минералов и принял участие в запуске его преемника, Форума по геостратегическому взаимодействию в сфере ресурсов (FORGE) в феврале 2026 года (US Dept of State, 2026[16]).

Несмотря на то, что правительство реагирует на случаи незаконной добычи, остается потенциал для дальнейшего снижения связанных рисков. С 2021 года Казахстан использует дистанционный мониторинг для выявления незаконной добычи. По данным Министерства цифрового развития и искусственного интеллекта, в 2025 году спутниковый мониторинг выявил 1 845 участков незаконного недропользования, тогда как в 2024 году было зафиксировано 2 500 случаев (The Times of Central Asia, 2025[17]; Dprom.kz, 2026[18]). По данным Министерства внутренних дел, ежегодно задерживается до 4 000 нелегальных добытчиков (World Bank, 2023[19]). В 2026 году суд Улытауской области вынес приговор мужчине за незаконную добычу и экспорт более 16 000 тонн марганцевой руды в течение трех лет, а также за легализацию доходов, полученных преступным путем (Caspian Post, 2026[20]). В ходе досудебного расследования в Караганде было установлено, что одно предприятие в регионе на протяжении четырех лет осуществляло добычу железной руды без лицензии и незаконно экспортировало ее за рубеж (Caspian Post, 2026[21]). Правоохранительные органы также регулярно пресекают незаконную деятельность, связанную с участием иностранных граждан и добычей золота (Tengri News, 2025[22]; Iz.ru, 2024[23]). Кодекс о недрах содержит отдельные положения, направленные на содействие кустарной и мелкомасштабной добыче, включая упрощенные процедуры предоставления лицензий и менее строгие требования к проектной документации и финансовым гарантиям рекультивации, среди прочего. Однако координация между региональными органами власти и центральными государственными органами, а также четкость надзора при выдаче лицензий препятствуют фактической формализации сектора (World Bank, 2023[19]; InBusiness.kz, 2026[24]).

Несмотря на определенный прогресс в реализации ряда инициатив по обеспечению добропорядочности, коррупция в системе государственного управления, сфере государственных закупок и крупных инфраструктурных проектах остается серьезной проблемой. Казахстан принял Концепцию и План действий на 2022-2026 годы, исполнение которых контролируется Агентством по противодействию коррупции, создал механизм защиты информаторов и внедрил обязательные кодексы корпоративного управления, что приблизило страну к международным стандартам во многих областях управления. Этап распределения лицензий остается особенно уязвимым к рискам ненадлежащего управления. В 2023 году вице-министр индустрии и инфраструктурного развития был осужден за злоупотребление должностными полномочиями в связи с незаконным предоставлением прав на разработку месторождения никеля и кобальта без проведения конкурентной процедуры и по заниженной цене компании, аффилированной с ним (OECD, 2025[25]). К числу сохраняющихся вызовов в антикоррупционной системе страны относятся устранение нормативных пробелов по таким вопросам, как лоббирование, конфликт интересов и декларирование активов, обеспечение институциональной независимости, а также переход от правовых реформ к их практической реализации (OECD, 2025[5]; OECD, 2024[26]).

Предприятия, осуществляющие закупки в Казахстане или ведущие деятельность в стране, приняли политики в области ОВБ либо прошли процедуры подтверждения соответствия. Некоторые крупные горнодобывающие компании начали внедрять должную осмотрительность в цепочках поставок в соответствии со стандартами ОЭСР. Компания «Казцинк», крупный интегрированный производитель цинка со значительными объемами производства меди, золота, серебра, цинка и свинца, в 2023 году успешно прошла оценку Copper Mark на соответствие Совместному стандарту должной осмотрительности для меди, свинца, молибдена, никеля и цинка (JDDS). Сам стандарт JDDS был признан Лондонской биржей металлов в качестве допустимой программы аудита для соблюдения ее требований по ответственному снабжению. «Казцинк» также является аффинажным предприятием Good Delivery по золоту и серебру в рамках программы аудита ответственного снабжения Лондонской ассоциации рынка драгоценных металлов (LBMA) (Kazzinc, 2025[27]). Аффинажный завод «Казахмыс» также включен в список Good Delivery LBMA по серебру и внедрил разработанную KPMG дорожную карту ESG, предусматривающую, в том числе, рециркуляцию воды из хвостохранилищ и обязательную модернизацию систем вентиляции шахт (agmp.kz, 2024[28]). Ульбинский металлургический завод, крупный производитель тантала, ниобия и бериллия, входит в перечень предприятий, соответствующих требованиям по выплавке тантала Инициативы по ответственным поставкам минералов. Металлургические операции Metalkol в Демократической Республике Конго, принадлежащие казахстанской группе Eurasian Resources Group (ERG), успешно прошли аудит Инициативы по ответственным поставкам минералов, а переработка хвостов прошла процедуру подтверждения соответствия The Copper Mark. В начале 2026 года деятельность ERG в ДРК была расширена за счет сотрудничества с ГП *Entreprise Générale de Cobalt* с целью формализации кустарной и мелкомасштабной добычи (Omirgazy, 2026[29]). Привлечение капитала и экспертных знаний крупной горнодобывающей компании для интеграции неформальных поставок в легальные торговые каналы посредством поэтапной формализации и снижения рисков может послужить примером для аналогичных инициатив по дальнейшей диверсификации цепочек поставок.

Вместе с тем в отношении казахстанских компаний продолжают поступать обвинения. В отношении ERG выдвигались обвинения в несоблюдении местного законодательства о субподряде (Autorité de Régulation de la Sous-traitance dans le secteur Privé, 2024[30]), загрязнении окружающей среды (Njini and Rolley, 2023[31]), коррупции (Kotkamp, 2025[32]) и спорах, связанных с реализацией горнодобывающих проектов в ДРК (Africa Mining Intelligence, 2024[33]). Компания по-разному реагировала на данные обвинения, отрицая причастность к экологическому ущербу и оспаривая заявления НПО о ненадлежащих трудовых практиках, одновременно заключив мировое соглашение и выплатив компенсацию регуляторам по вопросам реализации горнодобывающих проектов (Reuters, 2025[34]) и субподряда (Actualité.co, 2024[35]). Недавний рост импорта тантала из стран Центральной Африки в Казахстан привлек внимание, особенно с учетом того, что многие районы добычи тантала в ДРК были затронуты расширением деятельности повстанческой группы M23 в 2023–2025 годах (OECD, 2025[36]). В более широком контексте, несмотря на давние опасения по поводу структурного занижения отчетности по танталу, происходящему из ДРК и Руанды, существенных рыночных потрясений после эскалации конфликта в районах добычи не наблюдалось. Это может свидетельствовать о том, что производство из районов, контролируемых негосударственными вооруженными группами, продолжает поступать на международные рынки через устоявшиеся перерабатывающие хабы.

Хотя горнодобывающий сектор Казахстана в определенной степени открыт для иностранных инвестиций, он доминируется ГП, в частности компанией «Тау-Кен Самрук», созданной в 2009 году и находящейся под контролем Национального фонда благосостояния «Самрук-Казына». До недавнего времени «Тау-Кен Самрук» пользовалась приоритетом перед частными компаниями при получении прав недропользования. Частные предприятия со значительным государственным участием, такие как ERG и «Казцинк», также, как правило, пользуются преференциями. В Казахстане некоторые министерства, осуществляющие функции собственника, одновременно являются регуляторами соответствующих секторов, что создает высокий риск конфликта интересов, поскольку министры могут занимать должности в компаниях, регулирование которых они осуществляют, а также риск недобросовестной конкуренции, когда государственные субъекты могут отдавать предпочтение действующим национальным компаниям в ущерб младшим компаниям или иностранным инвесторам. Членство Казахстана в ИПДО способствовало повышению прозрачности использования доходов от добычи полезных ископаемых через Национальный фонд Республики Казахстан, однако, по сообщениям, возможности для обсуждения вопросов горнодобывающего сектора между правительством, бизнесом и гражданским обществом в последние годы сократились (World Bank, 2023[37]).

Правительство Казахстана приступило к масштабным реформам, направленным на повышение качества управления и эффективности ГП, однако плану реформ было бы полезно последовательная приверженность для обеспечения их реализации. Правительство могло бы вывести регуляторные функции из министерств, осуществляющих права акционера в ГП, либо передать функции собственника за пределы министерств. Создание единого органа по управлению государственными активами способствовало бы более информированному и активному осуществлению государством прав собственности, а также более эффективному надзору за такими структурами, как «Самрук-Казына». Преобладание государственных служащих в составе советов директоров вызывает озабоченность в отношении объективности принятия решений и поднимает вопрос необходимости формирования профессиональных, независимых и автономных советов директоров (OECD, 2024[38]). Учитывая риски, связанные с цепочками поставок золота и тантала, существует необходимость усиления должной осмотрительности при закупках минерального сырья из третьих стран для снижения рисков финансирования конфликтов, в том числе посредством более тщательной проверки аудитов должной осмотрительности аффинажных предприятий.

Правительство Кыргызской Республики предпринимает шаги по продвижению ОВБ, но усиление участия государства снизило прозрачность горнодобывающего сектора

Внедрение ОВБ в Кыргызской Республике остается на ранней стадии, хотя недавние инициативы по формированию политик свидетельствуют о растущем признании его значимости. В стране существует лишь ограниченное число примеров корпоративных политик, связанных с правами человека. Такие политики зачастую разрабатываются на основе типовых руководств или заимствуются из практики других предприятий. В горнодобывающем секторе Кыргызская Республика была одним из ранних участников ИПДО и раскрывает детализированные данные о добыче, доходах и владельцах лицензий, однако последняя Валидация ИПДО в 2024 году оценила общий уровень внедрения Стандарта 2019 года как «довольно низкий» (57,5 балла), отметив слабые результаты в части результатов, воздействия и взаимодействия с заинтересованными сторонами (EITI, 2024[39]). В новой Стратегической программе развития критически важных минералов до 2030 года правительство ставит цель достичь «высокой» оценки ИПДО в среднесрочной перспективе за счет более прозрачной отчетности. Предприятия, как правило, не проводят оценки воздействия своей деятельности на права человека (UNDP, 2024[40]). В соответствии с Законом о недрах социальный пакет включается в процесс оценки и утверждения воздействия проекта, однако его требования четко не определены, а меры по смягчению социально-экономических последствий проектов не конкретизированы (International Institute for Sustainable Development, 2018[41]).

Несмотря на создание формальных антикоррупционных рамок, таких как Национальная стратегия по противодействию коррупции на 2021–2024 годы и соответствующие планы ведомств, реализация остается неравномерной, с пробелами в таких областях, как применение норм о конфликте интересов и защита информаторов, при этом недавние законодательные изменения ослабили усилия по обеспечению прозрачности (OECD, 2024[42]). Горнодобывающий сектор подвержен коррупционным рискам. В 2025 году бывший министр природных ресурсов был приговорен к восьми годам лишения свободы за злоупотребление должностными полномочиями через структуру, финансируемую за счет прибыли горнодобывающей компании «Кумтор» и предназначенную для поддержки экологических проектов (The Diplomat, 2025[43]).

Лицензирование кустарной и мелкомасштабной добычи золота в настоящее время приостановлено, при этом активно лишь 21 индивидуальная лицензия, несмотря на то что, по оценкам, в секторе занято от 25 000 до 75 000 человек. Кыргызская Республика не ратифицировала Минаматскую конвенцию[1], что вызывает обеспокоенность с учетом значительных объемов производства ртути в стране. Сектор скупки золота был либерализован в 2015 году, и около 40 операторов (в основном ювелиры и стоматологи) имеют лицензии на переработку нерафинированного золота для внутреннего использования. Хотя точные данные получить затруднительно, объем внутренних закупок оценивается примерно в 2,5 тонны нерафинированного золота, что указывает на заметный уровень активности. Несоответствия между задекларированным производством ювелирных изделий и подозрительно высоким объемом связанного с ним лома (который, как сообщается, освобожден от налогообложения) также требуют дополнительного анализа. По результатам экспертных интервью, несмотря на обвинения в транзите российского золота через страну, дела о незаконном обороте минералов, расследованные в Кыргызской Республике, касались лишь соседних государств. Тем не менее расхождение между заявленной стоимостью немонетарной торговли золотом в экспорте Кыргызской Республики и данными об импорте, представленными странами-партнерами, достигло 4 млрд долл. США в 2024 году (UN Comtrade, 2026[44]). Хотя данные Comtrade имеют ограничения, включая задержки в отчетности, различия в национальных таможенных классификациях и исключение или отдельный учет отдельных операций, таких как операции с монетарным золотом, указанные расхождения свидетельствуют о необходимости дополнительного изучения.

Влияние государства на горнодобывающий сектор Кыргызской Республики значительно усилилось после национализации золоторудного месторождения «Кумтор» в 2022 году. Это привело к снижению прозрачности сектора, что делает крупные международные горнодобывающие компании менее склонными к инвестированию (World Bank, 2022[45]). Тем не менее членство Кыргызской Республики в ИПДО обеспечивает широкое раскрытие информации о воздействии добычи полезных ископаемых. «Кыргызалтын» является основным ГП, осуществляющим деятельность в сфере добычи и аффинажа, управляя рудниками напрямую либо в рамках совместных предприятий с китайскими и турецкими компаниями. Аффинажный завод «Кыргызалтын» ежегодно проходит аудит LBMA и был восстановлен в списке Good Delivery после временного исключения в связи с недостатками программы ответственного снабжения.

Правительство могло бы рассмотреть возможность нарастающего повышения осведомленности и продвижения внедрения соответствующих стандартов ОЭСР в области ОВБ, таких как Руководящие принципы ОЭСР для многонациональных предприятий по ответственному ведению бизнеса и Руководство ОЭСР по должной осмотрительности для ответственных цепочек поставок минеральных ресурсов из районов, затронутых конфликтами и высокими рисками.

Узбекистан укрепляет структуры ОВБ и антикоррупционные механизмы; однако ему необходимо и дальше бороться с рисками коррупции, пробелами в надлежащей проверке цепочки поставок и недостатками в области прозрачности

Вопросы ОВБ приобретают все большее значение в повестке политик Узбекистана. Недавно Узбекистан подал заявку на присоединение к Декларации ОЭСР о международных инвестициях и многонациональных предприятиях (Ministry of Investment, Industry and Trade of the Republic of Uzbekistan, 2026[46]). Общий уровень осведомленности об ОВБ также растет, при этом как государственные органы, так и бизнес содействуют продвижению ОВБ посредством регулярных мероприятий и финансирования. Правительство обязалось принять Национальный план действий в сфере бизнеса и прав человека, что создает возможность для продвижения ОВБ в горнодобывающем секторе (OECD, 2025[7]). Под эгидой Совета иностранных инвесторов создана высокоуровневая рабочая группа по вопросам ОВБ, а правительство поощряет управление рисками устойчивого развития в ГП (OECD, 2025[7]).

В последние годы усилилась борьба с коррупцией, в частности посредством создания специализированного антикоррупционного агентства в 2020 году и укрепления управления ГП через внедрение системы отбора членов советов директоров и руководителей на основе заслуг. Стратегия «Узбекистан-2030» включает обязательства правительства по снижению негативных последствий деловой деятельности, таких как коррупция. Поскольку коррупция остается значительным риском для потенциальных инвесторов, государственные учреждения в горнодобывающем секторе уделяют повышенное внимание данному вопросу, при этом Навоийский ГМК и Министерство горнодобывающей промышленности и геологии получили наивысшие оценки в рейтинге механизмов предупреждения коррупции, составленном Антикоррупционным агентством (Qalampir, 2025[47]). Крупнейшие государственные горнодобывающие предприятия, Алмалыкский ГМК (АГМК), Навоийский ГМК (НГМК) и «НавоиУран» перешли на Международные стандарты финансовой отчетности (МСФО) при подготовке финансовой отчетности (ESG Foundation, 2025[48]).

Вместе с тем, несмотря на редкость публичных сообщений о коррупционных инцидентах в горнодобывающем секторе, восприятие коррупции сохраняется (Anti-Corruption Agency of the Republic of Uzbekistan, 2023[49]). Журналисты-расследователи установили, что АГМК с 2022 года заключил закупочные контракты на сумму свыше 200 млн долл. США с сетью компаний, зарегистрированных в Соединенном Королевстве, Грузии и Сингапуре, многие из которых имеют неясные или фактически неактивные корпоративные записи и связаны через общих физических лиц, включая узбекского спортивного функционера по настольному теннису и других лиц без опыта работы в горнодобывающей отрасли. Это вызывает вопросы о том, не являются ли данные компании фиктивными структурами, действующими в интересах бенефициаров, пользующихся связями с политическими кругами, а не законными поставщиками (OCCRP, 2026[50]). Проведение подобных расследований стало возможным благодаря реформам в сфере прозрачности государственных закупок в Узбекистане, что демонстрирует, как повышение открытости может способствовать усилению подотчетности. Применение недавно принятого законодательства о конфликте интересов также рассматривается как ключевой элемент практического снижения данных рисков (OECD, 2024[51]); (OECD, 2025[7]). В отличие от Казахстана и Кыргызской Республики, Узбекистан не является участником ИПДО, однако рассматривает возможность присоединения (UzDaily, 2025[52]).

На уровне предприятий некоторые узбекские горнодобывающие и металлургические компании, включая предприятия по переработке и выплавке, добровольно приводят деятельность в соответствие с глобальными ориентирами устойчивого развития: НГМК начал публиковать отчеты в области устойчивого развития в 2019 году и стал первой узбекской горнодобывающей компанией, получившей независимый ESG-рейтинг в 2025 году (Minex Forum, 2025[53]). НГМК также разработал дорожные карты по интеграции Принципов ответственной добычи золота и Международного кодекса управления цианидами при поддержке независимых консультантов. АГМК и НГМК начали публиковать общедоступную нефинансовую отчетность, в частности по несчастным случаям на производстве. Оба предприятия, АГМК и НГМК имеют статус Good Delivery в Лондонской ассоциации рынка драгоценных металлов (London Bullion Market Association, 2026[54]).

Были высказаны опасения относительно возможности того, что российское золото, подпадающее под санкции, поступает в юрисдикции, такие как Швейцария или Соединенное Королевство, которые ввели санкции, через страны Центральной Азии, включая Узбекистан и Казахстан (Turuban and Soguel, 2024[55]). Центральный банк Узбекистана отверг данные обвинения и подчеркнул, что страна не осуществляла закупки золота за рубежом (Kun.uz, 2025[56]). Узбекистан признал кустарную добычу в правовой системе в 2019 году при условии лицензирования и в 2024 году ужесточил санкции за незаконную добычу, введя уголовную ответственность за несанкционированную добычу полезных ископаемых, совершенную повторно после применения административных взысканий, а также за осуществление кустарной добычи без соответствующих разрешений (The Times of Central Asia, 2024[57]; Kun.Uz, 2024[58]).

В 2024 году АГМК прошел оценку Copper Mark по ряду социальных и экологических критериев ОВБ. Оценка выявила частичные пробелы по ряду направлений, включая взаимодействие с заинтересованными сторонами, отношения с деловыми партнерами, продолжительность рабочего времени, механизмы рассмотрения жалоб работников, биоразнообразие и охраняемые территории, закрытие и рекультивацию рудников, здоровье и безопасность сообществ, права человека, изъятие земель и переселение, культурное наследие, а также, в особенности, значительные пробелы в проведении должной осмотрительности в цепочках поставок минерального сырья (The CopperMark, 2026[59]).

В настоящее время АГМК устраняет выявленные пробелы, в том числе в части разработки более эффективных систем и процессов проведения должной осмотрительности в цепочке поставок. Основные недостатки касаются порядка идентификации поставщиков высокого риска в странах происхождения или транзита. В отчете об оценке отмечено, что поставщиками меди для АГМК являются трейдеры, что подчеркивает необходимость усиления проверок для установления стран происхождения и транзита и устранения связанных рисков.

Узбекистан мог бы содействовать внедрению соответствующих стандартов ОЭСР в области ОВБ, а также ИПДО. Это обеспечило бы лучшую прослеживаемость потоков минерального сырья (и потенциально связанных с ними незаконных финансовых потоков), повышение прозрачности для инвесторов и укрепление диалога с различными заинтересованными сторонами в горнодобывающем секторе. Проводимые реформы управления и профессионализация советов директоров ГП являются формирующейся положительной практикой, однако требуют дальнейшего поддержания и расширения.

Трудовые права

Безопасность труда является давней проблемой в Казахстане, которую правительство начинает решать

Недавние изменения в Трудовом кодексе Казахстана укрепили нормативную базу в сфере трудовых прав, однако сохраняются пробелы. Действующее законодательство включает широкий спектр положений, направленных на обеспечение безопасности жизни и здоровья работников. Оно также предусматривает обучение персонала мерам охраны труда и техники безопасности (World Bank, 2023[37]). Вместе с тем сохраняются серьезные опасения в отношении эффективной защиты прав работников, особенно трудовых мигрантов, которые сталкиваются с повышенными рисками дискриминации, невыплаты заработной платы, домогательств и принудительных трудовых практик (Global Detention Project, 2025[60]). Коллективные переговоры и право на забастовку не гарантированы (Human Rights Watch, 2025[61]), при этом страна до настоящего времени не ратифицировала Конвенцию МОТ № 190, направленную на защиту работников от насилия и домогательств (ILO, 2026[62]). Между 2021-м по 2022-м годами количество обращений по фактам нарушений трудовых прав увеличилось с 53 до 288.

Представители казахстанских профсоюзов утверждают, что официальная статистика по горнодобывающей отрасли занижает число несчастных случаев (World Bank, 2023[37]). В горнодобывающем секторе Казахстана продолжают фиксироваться производственные аварии и смертельные случаи, связанные с ненадлежащими условиями труда. По данным прокуратуры Восточно-Казахстанской области, в период с 2019 по 2022 год из 688 несчастных случаев в регионе 174 произошли на горнодобывающих предприятиях, что привело к 66 смертельным исходам (Sergienko, 2022[63]). В 2023 году 46 шахтеров погибли в результате взрыва метана на шахте имени Костенко в Темиртау, где работники длительное время требовали улучшения условий труда (The Diplomat, 2023[64]). Шахта, находившаяся на тот момент под управлением ArcelorMittal, впоследствии была национализирована (RFI, 2023[65]). Конфликты, связанные с условиями труда, возникали и на других шахтах Казахстана (Vlast.kz, 2025[66]). В 2024 году в казахстанских шахтах было зафиксировано 43 случая заявлений о трудовых злоупотреблениях, из которых 22 касались вопросов охраны труда и техники безопасности. Среди них 14 случаев гибели работников на рабочем месте, восемь из которых были вызваны одним инцидентом на Карагандинском ферросплавном заводе. В медной промышленности было зафиксировано 21 заявление, связанное с объектами добычи меди, из которых 11 касались крупной меднодобывающей компании «Казахмыс»; ряд шахт «Казахмыс» также стали объектом протестов и забастовок в связи с невыплатой или занижением заработной платы, а также неудовлетворительными условиями труда (Business and Human Rights Resource Centre, 2025[67]).

Правительство активизирует усилия по улучшению условий труда. Недавно была принята Концепция безопасного труда на 2024–2030 годы, направленная на улучшение условий труда и сокращение числа несчастных случаев на рабочем месте, большинство из которых происходит в горнодобывающем и строительном секторах. В качестве дальнейших шагов правительство могло бы рассмотреть возможность усиления защиты труда в горнодобывающем секторе посредством укрепления общего надзора за безопасностью, повышения прозрачности отчетности о происшествиях и обеспечения инспекционных органов достаточными ресурсами и четким мандатом, позволяющим проводить внеплановые проверки. Установление более четких минимальных требований к мерам эксплуатационной безопасности при обеспечении соразмерного правоприменения способствовало бы улучшению показателей безопасности. Параллельно повышение доступности и эффективности механизмов подачи жалоб и рассмотрения обращений, в том числе на местных языках, используемых затронутыми работниками и сообществами, обеспечило бы возможность безопасного выражения озабоченностей.

Правительство Кыргызской Республики поддерживает местную занятость в горнодобывающей промышленности, но ему необходимо усилить защиту трудовых прав

Несчастные случаи в горнодобывающем секторе Кыргызской Республики приводят к 10-15 смертельным случаям ежегодно (World Bank, 2023[68]). В соответствии с трудовым законодательством Кыргызской Республики работодатели, включая горнодобывающие компании, обязаны принимать комплексные меры по обеспечению жизни и здоровья работников при исполнении ими своих обязанностей. Сообщается, что существующий механизм рассмотрения жалоб является неэффективным вследствие бюрократической сложности и воспринимаемого отсутствия заинтересованности со стороны должностных лиц. Китайские компании, осуществляющие деятельность в Кыргызской Республике, нередко обвиняются в дискриминационных практиках занятости по отношению к кыргызским работникам (World Bank, 2023[68]). Реформа 2022 года, обязывающая все горнодобывающие проекты обеспечивать занятость 90% работников из числа граждан Кыргызской Республики, как сообщается, затруднительна для соблюдения на этапах проектирования и строительства. В новой Программе по критически важным минералам правительство признает, что данное требование также ограничило кадровый потенциал в горнодобывающем секторе. Несмотря на это, Программа предусматривает создание 30 000 новых рабочих мест в добыче КВМ к 2040 году.

Кыргызская Республика также могла бы рассмотреть возможность усиления существующих механизмов рассмотрения жалоб и наделения органа инспекции труда дополнительными ресурсами и четким мандатом на проведение внеплановых проверок.

Узбекистан улучшает свои трудовые стандарты, но по-прежнему существуют пробелы в области здравоохранения, безопасности, свободы ассоциаций и гендерного равенства

Нормативная база Узбекистана в сфере трудовых прав улучшилась, однако сохраняются вызовы. В последние годы Узбекистан присоединился к ряду конвенций МОТ, а Трудовой кодекс был существенно обновлен в 2023 году. Вместе с тем сохраняются проблемы, связанные с недостаточностью ресурсов для проведения инспекций и обеспечением охраны труда и техники безопасности. Порог для создания профсоюза установлен на уровне 3000 работников, что ограничивает данную возможность для значительного числа профессий; кроме того, функционирование профсоюза независимо от Федерации профсоюзов Узбекистана остается затруднительным. Гендерное равенство также остается серьезной проблемой: разрыв в оплате труда между мужчинами и женщинами достигал 39% в 2024 году (по сравнению с 20% в Казахстане) (OECD, 2025[7]). Количество заявлений о злоупотреблениях в горнодобывающем секторе Узбекистана увеличилось, однако интерпретация данного показателя затруднена: это может свидетельствовать как о большей готовности сообщать о нарушениях, так и о росте их числа (Business and Human Rights Resource Centre, 2025[67]). В первые шесть месяцев 2024 года узбекскими органами власти на предприятиях АГМК было зафиксировано 728 нарушений требований охраны труда и техники безопасности. АГМК, второе по объему выручки горнодобывающее ГП страны, имеет значительное количество заявлений о злоупотреблениях и случаев смертельного травматизма на производстве.

Правительство могло бы продолжить реформирование нормативной базы в сфере трудовых прав, в том числе путем смягчения ограничений на создание профсоюзов. Кроме того, можно рассмотреть возможность упрощения деятельности профсоюзов вне Федерации профсоюзов Узбекистана. Наконец, органы власти могли бы усилить вовлечение различных заинтересованных сторон, включая независимые неправительственные организации, в обсуждение горнодобывающих проектов с целью более полного понимания потенциальных рисков и последствий добычи полезных ископаемых.

Содержательное взаимодействие с местными сообществами

В Казахстане участие местных сообществ требуется по закону, однако прозрачность в процессе принятия решений и выплате компенсаций отсутствует

Участие местных сообществ в горнодобывающих проектах в Казахстане обеспечивается Экологическим кодексом и Кодексом о недрах и недропользовании (далее – «Кодекс о недрах»). Экологический кодекс требует, чтобы любой проект, оказывающий воздействие на окружающую среду (включая горнодобывающие проекты), проходил комплексную оценку воздействия на окружающую среду (ОВОС) с проведением общественных консультаций продолжительностью не менее 30 дней, а также устанавливает общие положения по проведению консультаций с сообществами, в частности через Правила проведения общественных слушаний. Местные сообщества должны быть проинформированы о местоположении проекта, а также обо всех процедурах проведения общественных слушаний. Кодекс о недрах предусматривает участие местных исполнительных и природоохранных органов на всех этапах процесса ОВОС. Местные органы власти обязаны публиковать протоколы и записи общественных слушаний на своих веб-сайтах, а замечания и предложения, высказанные в ходе слушаний, подлежат учету компетентным органом, проводящим ОВОС.

Вместе с тем представители гражданского общества сообщают, что многие материалы ОВОС не раскрываются в полном объеме либо труднодоступны на часто изменяющихся государственных веб-сайтах (World Bank, 2023[19]). Местные органы власти зачастую не располагают достаточными возможностями для проведения общественных слушаний и не обеспечивают публикацию их протоколов, в то время как компании нередко недостаточно информируют о проведении слушаний, назначают их на рабочее время, не учитывают высказанные замечания и предоставляют неполную или неясную информацию (World Bank, 2023[37]). Кроме того, надзорные органы часто не обладают достаточными ресурсами или волей для правоприменения, что приводит к непоследовательному применению санкций. Например, значительные экологические штрафы предусмотрены законодательством, однако редко применяются эффективно, что снижает их сдерживающий эффект (OECD, 2025[7]).

Кодекс о недрах предусматривает, что если горнодобывающий проект расположен на расстоянии 1 км или меньше от населенного пункта, инициатор проекта обязан заключить Соглашение о развитии территории с местными исполнительными органами и предусмотреть меры по поддержке затронутого населения. Однако действующее законодательство не конкретизирует меры экономической и социальной поддержки, подлежащие включению в такие соглашения, а отсутствие типовой формы соглашения затрудняет обеспечение надлежащей помощи. Соглашения о развитии территории заключаются между компаниями и местными исполнительными органами, именуемыми акиматами, зачастую без непосредственного участия местных сообществ; это приводит к непрозрачному расходованию социальных отчислений компаний в пользу акиматов, при этом сами акиматы нередко расходуют данные средства с ограниченной подотчетностью перед местными сообществами и, по утверждениям критиков, часто вне их целевого назначения. Поскольку размер социальных отчислений определяется акиматами, это создает коррупционные риски и может стимулировать удовлетворение краткосрочных финансовых потребностей. В то же время отсутствие участия местных сообществ в процессе переговоров может приводить к заключению соглашений, игнорирующих трудовые и экологические последствия горнодобывающих проектов (World Bank, 2023[37]) (Business and Human Rights Centre, 2024[69]).

Отсутствует формальное обязательство по проведению Оценки социального воздействия, а также четкие руководящие принципы по компенсации или переселению сообществ, затронутых горнодобывающими проектами, что может привести к конфликтам, чрезмерным требованиям о компенсации или жалобам со стороны сообществ (Business and Human Rights Centre, 2024[69]). Соглашения о распределении выгод для сообществ носят неформальный характер – в соответствии с законом горнодобывающие компании перечисляют 1-2% стоимости проектов в местные бюджеты, однако данный процесс недостаточно прозрачен и возникали жалобы со стороны сообществ относительно использования этих средств (World Bank, 2023[37]).

Хотя пострадавшие от неблагоприятных воздействий все чаще обращаются в НКЦ **Казахстана, доступны и другие внесудебные механизмы рассмотрения жалоб**. Закон «О медиации» 2011 года предоставляет возможности для защиты и восстановления прав в случаях нарушений прав и свобод человека. Хотя медиация не является обязательной стадией судебного разбирательства, суды настоятельно рекомендуют сторонам прибегать к ней до обращения в суд. На уровне отдельных компаний большинство крупных предприятий заявляют о наличии механизмов для приема и рассмотрения жалоб. Однако, согласно Национальной базовой оценке, проведенной в рамках Национального плана действий по бизнесу и правам человека, лишь около половины опрошенных компаний публично раскрывают информацию о своих механизмах рассмотрения жалоб. Публичные обязательства по устранению неблагоприятных последствий встречаются редко, и лишь немногие компании раскрывают четкую информацию о процедурах рассмотрения обращений (OECD, 2025[7]).

Правительство могло бы рассмотреть возможность установления требования для горнодобывающих компаний учитывать результаты общественных слушаний и предоставлять обоснование в случае отказа от реализации предложений, высказанных в ходе слушаний. Также можно предусмотреть дополнительную поддержку местным исполнительным органам для обеспечения регулярного проведения общественных консультаций и полной доступности соответствующей документации. Наконец, правительство могло бы рассмотреть возможность вовлечения местных сообществ и профильных НПО в переговоры по заключению Соглашений о развитии территории, что способствовало бы более прозрачному распределению социальных отчислений.

В Кыргызской Республике существует хорошо налаженная система вовлечения общественности в реализацию горнодобывающих проектов, однако ее воспринимаемая неэффективность подрывает доверие заинтересованных сторон

Кыргызская Республика имеет опыт вовлечения местных сообществ в процессы, связанные с горнодобывающими проектами, хотя в последние годы эта практика стала менее выраженной. Введение в 2012 году соглашений о социальном пакете, обязывающих недропользователей достигать договоренностей с органами местного самоуправления по вопросам реализации горнодобывающих проектов, стало важным шагом вперед в части вовлечения местных сообществ в сектор. Введение таких соглашений также способствовало более активному участию горнодобывающих компаний в социальных и экономических проектах, направленных на улучшение условий жизни местного населения, включая образовательные программы, инфраструктурные проекты и создание рабочих мест (World Bank, 2023[68]). По сообщениям, правительство выдвигало к крупным инвесторам конкретные требования, такие как квоты на местную занятость и предоставление мест в советах директоров (U.S. Department of State, 2025[70]). Новая Стратегическая программа развития критически важных минералов предусматривает обязательное проведение Оценки социального воздействия (SIA) для горнодобывающих проектов. Вместе с тем некоторые неправительственные организации Кыргызстана утверждают, что в последние годы правительство стремилось ослабить гражданское общество и усилить контроль над горнодобывающим сектором, что привело к сокращению диалога между компаниями и сообществами, представители гражданского общества выражают опасения, что процессы консультаций могут утратить содержательное наполнение, если правительство примет решение о реализации новых крупных горнодобывающих проектов (PWYP Kyrgyzstan, 2024[71]).

Местные сообщества, по-видимому, с настороженностью относятся к иностранным горнодобывающим компаниям, которые воспринимаются как эксплуатирующие, при этом уровень доверия к государственным должностным лицам также остается низким (World Bank, 2023[68]). Механизмы обеспечения добропорядочности недостаточно четко определены в действующем законодательстве, и, по сообщениям, соответствующие нормы не функционируют на практике (World Bank, 2023[68]). Существует широко распространенное убеждение, что государственные органы предоставляют лицензии и разрешения иностранным компаниям посредством коррупционных практик, при этом доходы от добычи не распределяются в пользу местного населения. В последние годы нередко возникали конфликты между местными сообществами и китайскими компаниями, которые обвинялись в коррупции и недостаточной прозрачности (World Bank, 2023[68]; Furstenberg, 2021[72]).

В целом сохраняются опасения, что местные сообщества исключаются из обсуждения горнодобывающих проектов: хотя они могут взаимодействовать с компаниями через сельские советы, граждане жалуются, что компании используют правовые механизмы для уклонения от выполнения своих обязательств и игнорируют предложения сообществ. Диалог с правительством также оценивается как неудовлетворительный, поскольку он не носит регулярного характера и зачастую ограничивается участием узкого круга активистов без учета мнения более широкого сообщества. Помимо соглашений о социальном пакете, соглашения о развитии территорий заключаются только между крупными горнодобывающими компаниями и государственными органами, что создает возможности для коррупции и нецелевого использования доходов. Сообщается также, что компании проводят регулярные общественные слушания лишь на ранних этапах реализации проектов для получения «социальной лицензии» на деятельность от местного населения, а на последующих этапах взаимодействуют преимущественно с государственными органами (World Bank, 2023[68]).

Кыргызская Республика предусматривает участие общественности в процессе оценки воздействия на окружающую среду (ОВОС). В соответствии с действующим законодательством любой представитель общественности может инициировать общественную экспертизу данного процесса. Такая общественная экспертиза, хотя и финансируется инициаторами и не должна превышать одного месяца, предоставляет местным сообществам и НПО платформу для представления замечаний, предложений и комментариев. Однако ее заключения носят консультативный характер, при этом государство не несет иных обязательств, кроме публичного признания факта ее проведения. Кроме того, отсутствуют сведения о случаях, когда в Кыргызской Республике горнодобывающий проект *не был* одобрен по итогам проведения ОВОС (World Bank, 2023[68]).

Ряд компаний, осуществляющих деятельность в горнодобывающем секторе Кыргызской Республики, разработали программы корпоративной социальной ответственности (КСО), направленные на повышение благосостояния местных сообществ и развитие местной экономики. ГП, эксплуатирующее месторождение «Кумтор», реализует программу, ориентированную на развитие местного сельского хозяйства, поддержку роста МСБ, сотрудничество с молодежью в целях развития местных образовательных инициатив, а также охрану окружающей среды (World Bank, 2023[68]). Среди иностранных инвесторов турецкая компания Eti Bakir, осуществляющая деятельность на золоторудном месторождении «Терексай» также реализует масштабную программу по охране водных ресурсов, флоры и фауны, а также участвует в социальной жизни местного сообщества: компания в настоящее время финансирует строительство новой школы на 225 учащихся.

Правительство могло бы рассмотреть возможность обеспечения регулярного общественного диалога между местными сообществами и органами местной власти по вопросам реализации горнодобывающих проектов, а также вовлечения местных сообществ в заключение соглашений о развитии территорий с крупными горнодобывающими компаниями. Кроме того, можно рассмотреть обеспечение продолжения диалога компаний с местными сообществами не только на ранних этапах реализации проектов, но и после, а также применение санкций в случае невыполнения данного требования. Наконец, правительство могло бы рассмотреть возможность продления установленного месячного срока для проведения общественной экспертизы ОВОС и придания ее результатам обязательного характера.

Участие местных сообществ в горнодобывающих проектах Узбекистана остается ограниченным, несмотря на недавние успехи

Традиционно местные сообщества в Узбекистане имели ограниченное влияние на принятие решений в сфере горнодобывающих проектов в условиях централизованного управления и ограниченного пространства для гражданского участия. Вместе с тем такие нормативные акты, как Закон «Об оценке воздействия на окружающую среду» предусматривают проведение ранних консультаций по проектам с высоким уровнем риска. Аналогичным образом новый Закон «О недрах» прямо требует проведения общественных консультаций до начала реализации горнодобывающих проектов. На практике заинтересованные стороны сообщают, что консультации проводятся не всегда, а действующее регулирование не обеспечивает вовлечение заинтересованных сторон в соответствии с международными стандартами, включая мониторинг с участием общественности (OECD, 2025[7]).

Новый Закон «Об экологической экспертизе», вступивший в силу в 2025 году, предусматривает проведение общественных консультаций на этапе экологической оценки горнодобывающих проектов (под наименованием «общественной экологической экспертизы»); однако такие общественные слушания носят исключительно консультативный характер и не создают для государства обязательства учитывать их результаты (Lex.uz, 2025[73]). В открытых источниках отсутствуют сведения о недавнем выраженном противодействии со стороны местных сообществ в отношении каких-либо горнодобывающих проектов: определенная настороженность может наблюдаться в отношении китайских компаний, инвестирующих в добычу золота в Узбекистане, однако она в основном ограничивается онлайн-пространством и не имеет практических последствий (Global Voices, 2025[74]).

Хотя в Узбекистане отсутствует специализированный механизм рассмотрения жалоб по вопросам ОВБ, важную роль в восстановлении нарушенных прав играет Омбудсман. В 2025 году Омбудсман получил 26 372 обращения (Uzbekistan Authorized Person of the Oliy Majlis for Human Rights, 2026[75]). Государственные предприятия, как и другие государственные учреждения, обязаны создавать механизмы рассмотрения жалоб, и некоторые из них публично раскрывают информацию о порядке их функционирования. В то же время среди частных коммерческих предприятий такие механизмы создаются и раскрываются менее системно (OECD, 2025[7]).

Правительство могло бы рассмотреть возможность придания результатам общественной экологической экспертизы обязательного характера в рамках процедуры экологической оценки. Кроме того, можно предусмотреть внедрение механизмов общественного диалога между горнодобывающими компаниями, органами местной власти и местными сообществами по вопросам реализации проектов по добычи, что способствовало бы лучшему информированию о рисках и потенциальных последствиях проектов, а также более полному учету потребностей местных сообществ.

Ссылки

Actualité.co (2024), *Intégration de 7 actionnaires congolais dans 4 sociétés sous-traitantes : l'ARSP et ERG Africa matérialisent la vision de Félix Tshisekedi*, https://actualite.cd/2024/07/13/integration-de-7-actionnaires-congolais-dans-4-societes-sous-traitantes-larsp-et-erg. [35]

Africa Mining Intelligence (2024), *Gécamines and ERG seek to bury the hatchet*, https://www.africaintelligence.com/central-africa/2024/06/28/gecamines-and-erg-seek-to-bury-the-hatchet,110252558-art. [33]

agmp.kz (2024), *Соблюдение стандартов ESG – один из приоритетов предприятий ГМК*, https://agmp.kz/soblyudenie-standartov-esg-odin-iz-prioritetov-predpriyatij-gmk/ (accessed on 9 January 2026). [28]

Anti-Corruption Agency of the Republic of Uzbekistan (2023), *Creating a Business Environment Free from Corruption Is the Key*, https://anticorruption.uz/en/article/asosiy-maqsad-korrupsiyadan-xoli-tadbirkorlik-muhitini-yaratish. [49]

Autorité de Régulation de la Sous-traitance dans le secteur Privé (2024), *Lualaba: la société minière METALKOL placée sous le contrôle des inspecteurs de l'ARSP*, https://arsp.cd/news/lualaba-la-societe-miniere-metalkol-placee-sous-le-controle-des-inspecteurs-de-larsp/. [30]

Business and Human Rights Centre (2024), *Kazakhstan: Villagers living near Kazakhmys mining operations complain of unfair compensation & court decisions on resettlement without their participation*, https://www.business-humanrights.org/en/latest-news/kazakhstan-villagers-living-in-vicinity-of-kazakhmys-mining-activities-complain-of-unfair-compensation-court-decisions-on-resettlement-without-their-participation/ (accessed on 28 January 2026). [69]

Business and Human Rights Resource Centre (2025), *Accelerated Demand: Human rights in Eastern Europe and Central Asia's transition mineral boom*, https://media.business-humanrights.org/media/documents/2025_EECA_Transition_minerals_EN.pdf. [67]

Caspian Post (2026), *Illegal Exports Drain Billions in Resources From Kazakhstan*, https://caspianpost.com/kazakhstan/illegal-exports-drain-billions-in-resources-from-kazakhstan. [21]

Caspian Post (2026), *Kazakhstan Busts Multibillion-Tenge Illegal Mining Operation*, https://caspianpost.com/kazakhstan/kazakhstan-busts-multibillion-tenge-illegal-mining-operation. [20]

Daryo.uz (2023), *AMMC entrusts Germany's KfW IPEX-Bank to secure financing worth $2.55bn for copper smelting complex*, https://daryo.uz/en/2023/09/30/ammc-entrusts-germanys-kfw-ipex-bank-to-secure-financing-worth-255bn-for-copper-smelting-complex (accessed on 26 January 2026). [1]

Dprom.kz (2026), *В области Улытау активизировалось незаконное использование недр*, https://dprom.kz/novosti/v-ulitau-viyavleno-nezakonnoye-nedropolzovaneeye/. [18]

EITI (2025), *Homepage*, https://eiti.org/ (accessed on 2 September 2025). [11]

EITI (2024), *The Kyrgyz Republic has achieved a fairly low overall score in implementing the 2019 EITI Standard*, https://eiti.org/board-decision/2024-14#:~:text=The%20Kyrgyz%20Republic%20has%20achieved%20a%20fairly%20low%20score%20in,Transparency%2C%20and%20Outcomes%20and%20impact. (accessed on 9 January 2026). [39]

ESG Foundation (2025), *Uzbekistan's State Enterprises Embrace IFRS as Reform Drive Gains Pace*, https://esgfoundation.org/uzbekistans-state-enterprises-embrace-ifrs-as-reform-drive-gains-pace (accessed on 7 January 2026). [48]

Furstenberg, S. (2021), "Understanding gold mining and social conflicts in Asia", *University of Central Asia – Institute of Public Policy and Administration (IPPA) Working Paper* 63, pp. 1-22, https://ucentralasia.org/publications/2021/june/understanding-gold-mining-and-social-conflicts-in-kyrgyzstan. [72]

Global Detention Project (2025), *Kazakhstan's Treatment of Migrant Workers Scrutinised by the UN Human Rights Committee*, https://www.globaldetentionproject.org/kazakhstans-treatment-of-migrant-workers-scrutinised-by-the-un-human-rights-committee (accessed on 19 January 2026). [60]

Global Voices (2025), *What fuels anti-China sentiments in Uzbekistan?*, https://globalvoices.org/2025/09/11/what-fuels-anti-china-sentiments-in-uzbekistan/ (accessed on 7 January 2026). [74]

Human Rights Watch (2025), *Kazakhstan: Events of 2024*, https://www.hrw.org/world-report/2025/country-chapters/kazakhstan (accessed on 19 January 2026). [61]

ILO (2026), *Up-to-date Conventions and Protocols not ratified by Kazakhstan*, https://normlex.ilo.org/dyn/nrmlx_en/f?p=NORMLEXPUB:11210:0::NO::P11210_COUNTRY_ID:103542 (accessed on 19 January 2026). [62]

InBusiness.kz (2026), *Почему в Казахстане не дают простым гражданам добывать золото: эксперт дал расклад*, https://www.inbusiness.kz/ru/news/pochemu-v-kazahstane-ne-dayut-prostym-grazhdanam-dobyvat-zoloto-ekspert-dal-rasklad. [24]

International Institute for Sustainable Development (2018), *IGF Mining Policy Framework Assessment: Kyrgyzstan*, https://www.iisd.org/publications/report/igf-mining-policy-framework-assessment-kyrgyzstan (accessed on 9 January 2026). [41]

Iz.ru (2024), *In Kazakhstan, 12 people were convicted for illegal gold mining*, https://en.iz.ru/en/1801854/2024-12-04/kazakhstan-12-people-were-convicted-illegal-gold-mining. [23]

Kazzinc (2025), *Kazzinc Ltd. – Public Responsible Supply Chain Due Diligence Report*, https://www.glencore.com/.rest/api/v1/documents/static/b9332ff4-ef85-4d5c-ad34-2d7e2775412f/2024+Kazzinc+Public+Responsible+Supply+Chain+Due+Diligence+Report.pdf (accessed on 8 January 2026). [27]

Kotkamp, L. (2025), "Despite bribery concerns, Eurasian miner pursued shady Congo deal, internal documents show", *Follow the Money*, https://www.ftm.eu/articles/eurasian-miner-ignored-bribery-concerns-in-shady-congo-deal?share=glexsMRd4s9jcYhdC6W5yzshXgdtOhAjDjhil4jN2r5bF0B%2FHb%2BL3PWcj9RfdOM%3D (accessed on 22 January 2026). [32]

Kun.Uz (2024), *Illegal mining in Uzbekistan now punishable by up to three years imprisonment*, https://kun.uz/en/news/2024/10/29/illegal-mining-in-uzbekistan-now-punishable-by-up-to-three-years-imprisonment. [58]

Kun.uz (2025), *Central Bank chief dismisses rumors of Uzbekistan buying gold from Russia*, https://m.kun.uz/en/news/2025/10/24/central-bank-chief-dismisses-rumors-of-uzbekistan-buying-gold-from-russia. [56]

Lex.uz (2025), *Закон Республики Узбекистан Об Экологической Экспертизе, Оценке Воздействия на Окружающую Среду и Стратегической Экологической Оценке*, https://lex.uz/en/docs/7397289 (accessed on 23 October 2025). [73]

London Bullion Market Association (2026), *Good Delivery Current List - Gold*, https://www.lbma.org.uk/good-delivery/gold-current-list#-. [54]

Minex Forum (2025), *Navoi Mining Secures ESG Rating, Reinforcing Sustainability Commitment*, https://minexforum.com/2025/02/07/navoi-mining-secures-esg-rating-reinforcing-sustainability-commitment/#:~:text=Notably%2C%20NMMC%20is%20the%20first,of%20its%20ongoing%20transformation%20program. (accessed on 9 January 2026). [53]

Ministry of Investment, Industry and Trade of the Republic of Uzbekistan (2026), *Uzbeksitan at OECD Eurasia Week*, https://www.linkedin.com/posts/ministry-of-investments-industry-and-trade-of-the-republic-of-uzbekistan_within-the-framework-of-the-oecd-eurasia-activity-7424451661575741440-zfjJ. [46]

Njini, F. and S. Rolley (2023), "ERG asks Congo to lift copper unit ban, denies pollution charge", *Reuters*, https://www.reuters.com/markets/commodities/erg-asks-congo-lift-copper-unit-ban-denies-pollution-charge-2023-06-07/ (accessed on 22 January 2026). [31]

Njini, R. (2023), *ERG asks Congo to lift copper unit ban, denies pollution charge*, https://www.reuters.com/markets/commodities/erg-asks-congo-lift-copper-unit-ban-denies-pollution-charge-2023-06-07/. [76]

OCCRP (2026), *Secretive Firms From U.K. to Singapore Win $200M in Tenders From Uzbek State Giant*, https://www.occrp.org/en/investigation/uzbek-state-crown-jewel-hands-200m-in-tenders-to-secretive-foreign-firms. [50]

OECD (2026), *National Contact Points for Responsible Business Conduct*, https://www.oecd.org/en/networks/national-contact-points-for-responsible-business-conduct.html (accessed on 5 January 2026). [14]

OECD (2025), *Confiscation Measures and Sanctions in Corruption Cases in Kazakhstan*, https://doi.org/10.1787/60159d3f-en. [25]

OECD (2025), *Declaration on International Investment and Multinational Enterprises*, OECD Publishing, https://legalinstruments.oecd.org/public/doc/241/241.en.pdf. [13]

OECD (2025), *Economic Security in a Changing World, New Approaches to Economic Challenges*, https://doi.org/10.1787/4eac89c7-en. [36]

OECD (2025), *OECD Integrity Review of Kazakhstan*, OECD Publishing, https://www.oecd.org/content/dam/oecd/en/publications/reports/2025/09/oecd-integrity-review-of-kazakhstan_b3c35ca7/d705d02f-en.pdf. [5]

OECD (2025), *Responsible Business Conduct for Sustainable Infrastructure in Kazakhstan, Mongolia and Uzbekistan*, OECD Publishing, https://doi.org/10.1787/2762f803-en. [7]

OECD (2025), *State-Owned Enterprises and Sustainability: Leading by Example*, https://doi.org/10.1787/c99c7ef0-en. [4]

OECD (2024), *Baseline Report of the Fifth Round of Monitoring of Anti-Corruption Reforms in Kazakhstan: The Istanbul Anti-Corruption Action Plan*, https://doi.org/10.1787/c9652173-en. [26]

OECD (2024), *Baseline Report of the Fifth Round of Monitoring of Anti-Corruption Reforms in Kyrgyzstan*, OECD Publishing, https://www.oecd.org/en/publications/baseline-report-of-the-fifth-round-of-monitoring-of-anti-corruption-reforms-in-kyrgyzstan_187f45b3-en.html. [42]

OECD (2024), *Baseline Report of the Fifth Round of Monitoring of Anti-Corruption Reforms in Uzbekistan: The Istanbul Anti-Corruption Action Plan*, https://doi.org/10.1787/363ba9d8-en. [51]

OECD (2024), *OECD Guidelines on Corporate Governance of State-Owned Enterprises, 2024*, https://www.oecd.org/content/dam/oecd/en/publications/reports/2024/06/oecd-guidelines-on-corporate-governance-of-state-owned-enterprises-2024_68fa05cd/18a24f43-en.pdf. [3]

OECD (2024), *OECD Review of the Corporate Governance of State-Owned Enterprises in Kazakhstan*, https://doi.org/10.1787/082c508b-en. [38]

OECD (2023), *OECD Guidelines for Multinational Enterprises On Responsible Business Conduct*, OECD Publishing, https://www.oecd.org/content/dam/oecd/en/publications/reports/2023/06/oecd-guidelines-for-multinational-enterprises-on-responsible-business-conduct_a0b49990/81f92357-en.pdf. [2]

OECD (2022), *OECD (2022), Responsible Business Conduct in the State-Owned Enterprise Sector in Asia: Stocktaking of National Practices*, http://www.oecd.org/corporate/responsible-business-conduct-in-the-SOE-sector-in-Asia.pdf. [6]

OECD (2022), *Recommendation of the Council on the Role of Government in Promoting Responsible Business Conduct*, OECD Publishing, https://legalinstruments.oecd.org/en/instruments/OECD-LEGAL-0486. [10]

OECD (2018), *OECD Due Diligence Guidance for Responsible Business Conduct*, https://www.oecd.org/en/publications/oecd-due-diligence-guidance-for-responsible-business-conduct_15f5f4b3-en.html (accessed on 5 January 2026). [15]

OECD (2017), *OECD Due Diligence Guidance for Meaningful Stakeholder Engagement in the Extractive Sector*, https://doi.org/10.1787/9789264252462-en. [9]

OECD (2016), *OECD Due Diligence Guidance for Responsible Supply Chains of Minerals from Conflict-Affected and High-Risk Areas: Third Edition*, https://doi.org/10.1787/9789264252479-en. [8]

Omirgazy, D. (2026), *ERG Africa and EGC Sign MoU to Formalise Responsible Artisanal Cobalt Mining in DRC*, The Astana Times, https://astanatimes.com/2026/02/erg-africa-and-egc-sign-mou-to-formalise-responsible-artisanal-cobalt-mining-in-drc/. [29]

PWYP Kyrgyzstan (2024), *Harnessing evidence and international support to uphold civic space in the Kyrgyz Republic*, https://resourcejustice.org/harnessing-evidence-and-international-support-to-uphold-civic-space-in-the-kyrgyz-republic/#:~:text=By%20gathering%20evidence%20about%20shrinking,powerful%20message%20to%20governments%20worldwide. [71]

Qalampir (2025), *Uzbekistan evaluates anti-corruption performance: 2024 rankings released*, https://qalampir.uz/en/news/korruptsiyaga-k-arshi-yakhshi-va-yemon-kurashgan-tashkilotlar-reytingi-e-lon-k-ilindi-117145. [47]

Reuters (2025), *ERG settles with Gecamines over DRC Swanmines project*, https://www.reuters.com/world/africa/erg-settles-with-gecamines-over-drc-swanmines-project-2025-09-11/. [34]

RFI (2023), *ArcelorMittal sommé de quitter le Kazakhstan après sa plus grave catastrophe minière depuis l'indépendance*, https://www.rfi.fr/fr/asie-pacifique/20231031-arcelormittal-somm%C3%A9-de-quitter-le-kazakhstan-apr%C3%A8s-sa-plus-grave-catastrophe-mini%C3%A8re-depuis-l-ind%C3%A9pendance (accessed on 16 October 2025). [65]

Sergienko, A. (2022), *Прокуроры Восточного Казахстана взялись за крупные предприятия*, https://ratel.kz/raw/prokurory_vostochnogo_kazahstana_vzjalis_za_krupnye_predprijatija. [63]

Tengri News (2025), *Gang involving 19 foreign nationals detained in East Kazakhstan*, https://en.tengrinews.kz/kazakhstan_news/gang-involving-19-foreign-nationals-detained-in-east-269398/. [22]

The CopperMark (2026), *Participants and Partners*, https://coppermark.org/participants-home/participants/?_country=uzbekistan. [59]

The Diplomat (2025), *Former Kyrgyz Natural Resources Minister Sentenced to 8 Years*, https://thediplomat.com/2025/02/former-kyrgyz-natural-resources-minister-sentenced-to-8-years/ (accessed on 5 March 2026). [43]

The Diplomat (2023), *What a National Tragedy Says About Labor Rights in Kazakhstan*, https://thediplomat.com/2023/11/a-national-tragedy-and-labor-rights-in-kazakhstan/ (accessed on 21 August 2025). [64]

The Times of Central Asia (2025), *Kazakh Lawmakers Seek Ban on Unscrupulous Mining Companies*, https://timesca.com/kazakh-lawmakers-seek-ban-on-unscrupulous-mining-companies/. [17]

The Times of Central Asia (2024), *Uzbekistan's Gold Mining Aims to Replace Labour Migration*, https://timesca.com/uzbekistans-gold-mining-aims-to-replace-labour-migration/. [57]

Turuban, P. and D. Soguel (2024), "Sanctions enforcement: Bern 'cannot rule out' Switzerland gets Russian gold via Central Asia", *Swissinfo*, https://www.swissinfo.ch/eng/swiss-politics/sanctions-enforcement-bern-cannot-rule-out-switzerland-gets-russian-gold-via-central-asia/88498901 (accessed on January 2026). [55]

U.S. Department of State (2025), *Investment Climate Statement for Kyrgyz Republic*, https://www.state.gov/wp-content/uploads/2025/09/638719_2025-Kyrgyz-Republic-Investment-Climate-Statement.pdf. [70]

UK EITI (2025), *What is EITI?*, https://www.ukeiti.org/what-eiti (accessed on 2 September 2025). [12]

UN Comtrade (2026), *UN Comtrade Database*, https://comtradeplus.un.org/. [44]

UNDP (2024), *Responsible Business Conduct: Challenges and Opportunities for Kyrgyzstan*, https://www.undp.org/kyrgyzstan/stories/responsible-business-conduct-challenges-and-opportunities-kyrgyzstan (accessed on 5 January 2026). [40]

US Dept of State (2026), *2026 Critical Minerals Ministerial Fact Sheet*, https://www.state.gov/releases/office-of-the-spokesperson/2026/02/2026-critical-minerals-ministerial/. [16]

Uzbekistan Authorized Person of the Oliy Majlis for Human Rights (2026), *The Ombudsman's Report Reviewed*, https://ombudsman.uz/en/news/2026/02/06/ombudsman-maruzasi-korib-chiqildi?. [75]

UzDaily (2025), *Uzbekistan and EITI Discuss Expanding Cooperation in Extractive Industry Transparency*, https://www.uzdaily.uz/en/uzbekistan-and-eiti-discuss-expanding-cooperation-in-extractive-industry-transparency/. [52]

Vlast.kz (2025), *Kazakhstan's Mining Industry Sees Growing Abuse*, https://vlast.kz/english/65780-kazakhstans-mining-industry-sees-growing-abuse.html (accessed on 25 August 2025). [66]

World Bank (2023), *Mining sector diagnostic - Kazakhstan*, https://documents.worldbank.org/en/publication/documents-reports/documentdetail/099081823001539573 (accessed on 9 January 2026). [19]

World Bank (2023), *Mining Sector Diagnostic - Kazakhstan*, https://documents1.worldbank.org/curated/en/099081823001539573/pdf/P17674501063760b08b290a4ae6547845d.pdf#:~:text=This%20report%20is%20the%20result%20of%20the%20Kazakhstan,consultant%29%2C%20Timur%20Odilov%2C%20Tatyana%20Sedova%20and%20Helga%20Treichel. [37]

World Bank (2023), *Mining Sector Diagnostic - Kyrgyz Republic*, https://documents1.worldbank.org/curated/en/099081623044079341/pdf/P17582903fc8890509e870f396f978774e.pdf. [68]

World Bank (2022), *Kyrgyz Republic Mining Policy Note*, https://documents1.worldbank.org/curated/en/099081623044037394/pdf/P17582907073f002087b000c68f70d8da6.pdf. [45]

Примечание

[1] Минаматская конвенция по ртути – это глобальный международный договор, направленный на защиту здоровья человека и окружающей среды от неблагоприятных последствий загрязнения ртутью. Она была принята в 2013 году и вступила в силу в 2017 году.

3 Управление экологическими рисками в секторе КВМ

Расширение горнодобывающего сектора в Центральной Азии может усугубить существующие экологические риски. Сокращение выбросов парниковых газов, устойчивое использование водных ресурсов и управление горнодобывающими отходами и хвостохранилищами относятся к числу основных вызовов, которые правительствам предстоит решить для обеспечения развития жизнеспособных секторов КВМ. Текущие данные свидетельствуют о том, что, хотя национальные законодательства и стратегии стремятся решать эти задачи посредством установления целевых показателей и разработки планов по политикам, правительства могли бы проявлять большую амбициозность при определении специфичных для сектора целей и создании четких стимулов для участников горнодобывающего сектора к формированию более устойчивых практик.

Согласование горнодобывающих практик с экологическими и более широкими целями устойчивого развития будет иметь ключевое значение по мере продвижения правительствами повестки КВМ

В то время как КВМ играют центральную роль в зеленом переходе, добыча минералов и переработка связаны с рядом вызовов в области окружающей среды и устойчивого развития, в том числе в Центральной Азии. К ним относятся деградация земель, высокие выбросы парниковых газов (ПГ) - часть из которых трудно поддается сокращению - загрязнение воды и воздуха, утрата биоразнообразия и образование опасных отходов ((Eurasianet, 2024[1]) (East Asia Forum, 2025[2]) (Global Voices, 2024[3]). Горнодобывающая деятельность также может требовать интенсивного использования водных ресурсов, что представляет собой проблему в регионах, уже испытывающих серьезный дефицит воды (The Times of Central Asia, 2025[4]). В связи с этим управление экологическими рисками должно быть интегрировано в любые государственные планы по развитию критически важных минералов, обеспечивая их согласование с целями смягчения последствий изменения климата и адаптации к ним, а также с задачами устойчивого управления природными ресурсами, охраны биоразнообразия и сохранения и защиты водных ресурсов для иных экономических и социальных целей.

Центральная Азия в высокой степени подвержена климатическим и экологическим рискам. Регион уже пережил крупные экологические катастрофы (например, высыхание Аральского моря) и в настоящее время сталкивается с многочисленными экологическими проблемами, такими как снижение уровня Каспийского моря (OECD, 2025[5]), опустынивание (World Bank, 2023[6]) (UNCCD, 2023[7]) и таяние ледников (France24, 2024[8]) (Jouberton, 2025[9]). Наследие прошлой горнодобывающей деятельности и локальные конфликты, связанные с использованием природных ресурсов или экологическим воздействием горной добычи, подчеркивают необходимость для правительств Центральной Азии учитывать будущие риски, связанные с развитием сектора критически важных минералов.

Негативное воздействие горной добычи на устойчивое развитие создает парадокс в основе повестки КВМ в Центральной Азии: пути достижения нулевого баланса выбросов предполагают быстрое расширение добычи и переработки для обеспечения поставок минералов перехода, однако существующие практики характеризуются высокой углеродо- и ресурсоемкостью и могут усиливать климатические и экологические риски в уже уязвимом регионе. Если добыча и переработка не будут постепенно декарбонизированы и сделаны более ресурсоэффективными, а экологическое управление загрязнением на горнодобывающих площадках и в местах хранения отходов не будет приведено в соответствие с международными стандартами, усилия по позиционированию Центральной Азии как поставщика «зеленых» минералов рискуют подорвать сами климатические и устойчивые цели, которые они призваны поддерживать (Mining Digital, 2024[10]).

По мере того, как экологические риски и их социальные последствия трансформируются в экономические и корпоративные риски, неспособность решить их на уровне государственной политики может привести к проблемам конкурентоспособности в условиях стремления стран привлечь инвестиции в развитие критически важных минералов. В Центральной Азии горнодобывающие компании все чаще сталкиваются с требованиями по внедрению мер по снижению рисков для ограничения негативного воздействия на местные сообщества и дополнению деятельности социальными проектами, направленными на повышение качества жизни в прилегающих населенных пунктах. Процессы общественных консультаций и одобрение со стороны местных сообществ являются ключевыми компонентами «социальной лицензии на деятельность» компаний, которая становится важным критерием качественных инвестиций и предварительным условием международного финансирования горнодобывающих и связанных с ними проектов. Наличие устойчивой экологической политики, направленной на управление рисками в горнодобывающем секторе, способствует снижению инвестиционных рисков в сфере развития критически важных минералов.

Текущие усилия правительств Центральной Азии по разработке стратегий в области КВМ предоставляют уникальную возможность встроить жесткие гарантии в области окружающей среды и устойчивого развития в горнодобывающие политики и нормативное регулирование. Негативные последствия горной добычи для окружающей среды и, впоследствии, для местных сообществ, как правило, выходят за пределы срока эксплуатации месторождения, который сам по себе исчисляется десятилетиями (OECD, 2019[11]). Все правительства приняли стратегии зеленой экономики, а также стратегии по смягчению последствий изменения климата и адаптации к ним, признавая важность решения проблем изменения климата и экологических рисков для обеспечения устойчивого экономического роста. Казахстан, Узбекистан и Кыргызская Республика приняли или находятся в процессе принятия стратегий достижения нулевого уровня выбросов. Учитывая экономическую значимость и экологический след горнодобывающего сектора в регионе, способность правительств согласовать планы по развитию КВМ с экологическими целями и целями устойчивого развития будет иметь решающее значение для того, чтобы будущие сектора КВМ действительно способствовали устойчивому экономическому росту.

Выбросы парниковых газов

Горнодобывающая деятельность приводит к высоким уровням выбросов парниковых газов (ПГ). Хотя страны Центральной Азии вносят относительно небольшой вклад в глобальные выбросы ПГ, географические особенности региона делают его особенно уязвимым к их последствиям. Выбросы ПГ могут вызывать продолжительные засухи и волны жары, угрожающие дождевому сельскому хозяйству, которое по-прежнему является доминирующим сектором в Узбекистане, а также степным экосистемам, имеющим ключевое значение для биоразнообразия Казахстана. Горные страны, такие как Кыргызская Республика, могут подвергаться другим последствиям роста выбросов ПГ, включая сокращение ледников и риски оползней. Более того, выбросы ПГ могут негативно влиять на доступность и качество водных ресурсов, поскольку их рост приводит к изменению речных режимов и дефициту воды, оказывая давление на сельские средства к существованию в регионе, уже серьезно затронутом опустыниванием. Наконец, выбросы ПГ представляют существенный риск для здоровья, особенно для сообществ, проживающих вблизи горнодобывающих объектов, где усугубляются риски рака легких и заболеваний, передающихся через воду.

Дефицит воды и загрязнение водных ресурсов

Горнодобывающая деятельность способствует усилению водного стресса, одной из основных экологических проблем Центральной Азии. Ситуация особенно остра в Узбекистане, где горнодобывающие предприятия способствуют чрезмерному использованию воды и ее загрязнению вследствие неэффективной работы систем управления сточными водами: согласно данным Всемирного института ресурсов (WRI), Узбекистан входит в число 25 стран, наиболее уязвимых к водному стрессу. Нерациональное управление водными ресурсами также приводит к опустыниванию, поскольку использование устаревшей инфраструктуры водоснабжения препятствует эффективной рекультивации земель. К другим последствиям горнодобывающей деятельности для водных ресурсов относится кислотный дренаж шахтных вод, зафиксированный, в частности, в Казахстане, где он затрагивает территории далеко за пределами горнодобывающих площадок и их окрестностей и создает угрозу для населения (Kunarbekova, 2024[12]). Кыргызская Республика сталкивается с аналогичными проблемами, что и соседи, которые усугубляются особенностями ее географии, где многие горнодобывающие проекты расположены в верховьях водосборных бассейнов, что делает их экологическое воздействие потенциально более широким, чем непосредственная зона горной добычи.

Управление отходами и хвостохранилищами

В Казахстане, Кыргызской Республике и Узбекистане расположено значительное количество объектов хранения отходов, хвостохранилищ и свалок. Все три страны являются производителями урана (Кыргызская Республика сняла запрет на добычу урана в 2024 году), при этом Казахстан и Узбекистан входят в число мировых лидеров в данном секторе. Такая ситуация создает значительный риск радиоактивного загрязнения для местных сообществ и экосистем (UNECE, 2024[13]). Даже при надлежащем управлении горными отходами и хвостами в отвалах и хранилищах обильные осадки могут приводить к разрушению дамб и земляных сооружений, вызывая сброс загрязненной воды в грунтовые воды (OECD, 2019[11]).

Управление горнодобывающими отходами и хвостами остается серьезной проблемой. В Кыргызской Республике Государственный кадастр отходов горнодобывающей промышленности насчитывает 92 объекта с токсичными и радиоактивными отходами; неэффективное управление отходами в прошлом привело к существенному сокращению биоразнообразия. Казахстан и Узбекистан сталкиваются с аналогичными проблемами, что отражает масштабы их производства урана.

Структура главы

В настоящей главе будут подробно рассмотрены все три риска, определены возможности и вызовы для Казахстана, Кыргызской Республики и Узбекистана, а также представлены общие рекомендации.

Сдерживание уровней выбросов парниковых газов в соответствии с климатическими целями

Углеродоемкость и энергоемкость национальных экономик и вклад промышленности в выбросы ПГ

Производство минералов и металлов составляет около 10% глобальных выбросов парниковых газов. В рамках сценария достижения чистых нулевых уровней выбросов (*Net Zero Emissions* - NZE) ожидается, что рост спроса на металлы энергетического перехода (*Energy Transition Minerals* - ETMs) приведет к увеличению совокупного углеродного следа производства минералов, при этом выбросы ПГ от производства меди и других металлов, по прогнозам, удвоятся к 2050 году (World Bank, 2023[14]).

Все страны Центральной Азии приняли обязательства по сокращению выбросов ПГ в рамках Парижского соглашения. Совокупный вклад стран Центральной Азии в глобальные выбросы остается относительно низким. В 2023 году на Казахстан приходилось 0,7% мировых выбросов CO_2 от сжигания топлива, на Узбекистан 0,3%, а доля Кыргызской Республики была незначительной, при этом в совокупности три страны обеспечивали лишь около 1% мировых выбросов (IEA, 2025[15]). Тем не менее признавая риски изменения климата для окружающей среды и экономик, а также сопутствующие последствия выбросов ПГ, такие как загрязнение, страны Центральной Азии являются участниками Парижского соглашения и приняли Определяемые на национальном уровне вклады (ОНУВ). Некоторые из них взяли на себя обязательство достичь углеродной нейтральности к середине столетия. Выполнение этих обязательств потребует существенной трансформации их промышленных систем, а также инфраструктуры энергетики и транспорта (OECD, Forthcoming[16]).

Достижение сближения с уровнем углеродной продуктивности стран ОЭСР потребует от экономик Центральной Азии разъединения экономического роста и выбросов ПГ. Несмотря на относительно низкий вклад в глобальные выбросы, экономики Казахстана, Кыргызской Республики и Узбекистана остаются сильно углеродоемкими как по отношению к объему производства, так и к численности населения, главным образом из-за зависимости от устаревшей инфраструктуры, основанной на ископаемом топливе. Согласно данным ОЭСР по углеродной продуктивности на основе производства (см. Рисунок 3.1), Казахстан и Узбекистан в 2023 году обеспечивали соответственно 2,7 и 2,86 долл. США на единицу выбросов CO_2, уступая таким странам, как Канада (3,96 долл. США) и Австралия (4,44 долл. США) в том же году. Казахстан и Узбекистан структурно более зависимы от ископаемого топлива, поскольку с 2017 года генерируют лишь от 2 до 3 долл. США на единицу выбросов CO_2. Благодаря значительной доле гидроэнергетики Кыргызская Республика демонстрирует лучшие показатели в этом отношении, с углеродной продуктивностью на уровне Канады и Австралии (4,61 долл. США в 2023 году). Тем не менее все три страны генерируют значительно меньший доход на единицу выбросов CO_2 по сравнению с Чили (7,62 долл. США в 2023 году).

Углеродная продуктивность и энергоемкость тесно связаны в странах Центральной Азии, где зависимость от ископаемого топлива усугубляется другими факторами, включая износ инфраструктуры, географические и климатические условия, влияющие на системы распределения энергии, а также структурой национальных экономик (см. Рисунок 3.2). Кыргызская Республика и Узбекистан, несмотря на более низкий ВВП на душу населения по сравнению с Австралией и Чили, демонстрировали более высокие показатели энергоемкости в 2022 году (1,66 кВт·ч/долл. США для Кыргызской Республики и 1,51 для Узбекистана в 2022 году против 1,24 для Австралии и 1,12 для Чили в том же году). Это отражает их зависимость от высокоэмиссионных видов экономической деятельности, таких как горнодобывающая отрасль, хотя Чили и Австралия также являются крупными горнодобывающими экономиками. Казахстан, имея ВВП на душу населения, сопоставимый с Чили (26 492 долл. США против 22 741 долл. США в 2022 году), демонстрирует более высокие показатели энергоемкости (1,63 кВт·ч/долл. США против 1,12 в 2022 году); сопоставление Казахстана (1,63 кВт·ч/долл. США) и Австралии (1,24 кВт·ч/долл. США), страны с существенно более высоким ВВП на душу населения, является еще более показательным.

Рисунок 3.1. CO_2 продуктивность на основе производства (2017-2024 годы)

Долл. США за единицу CO_2

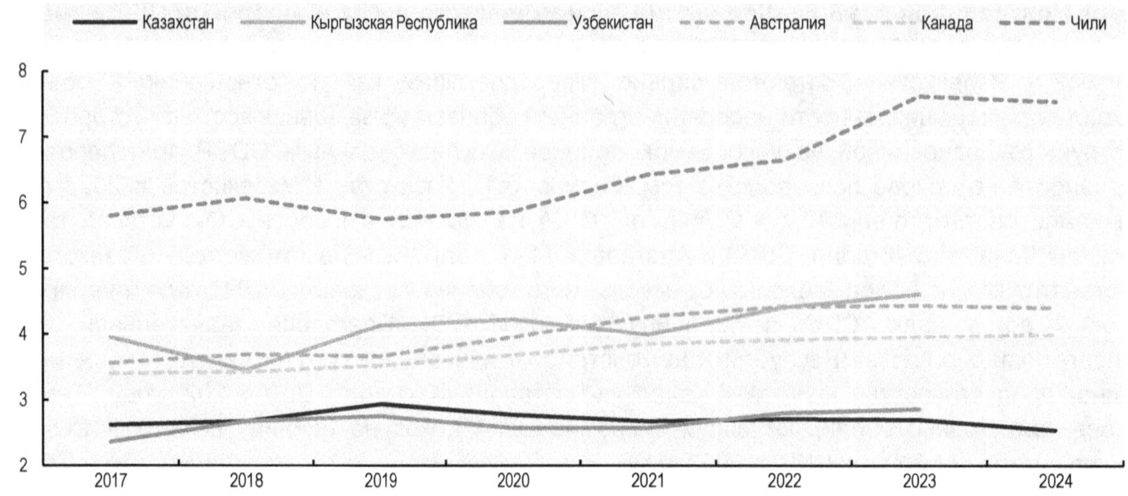

Source : (OECD, 2025[17])

Рисунок 3.2. Энергоемкость к ВВП на душу населения, 2022 год

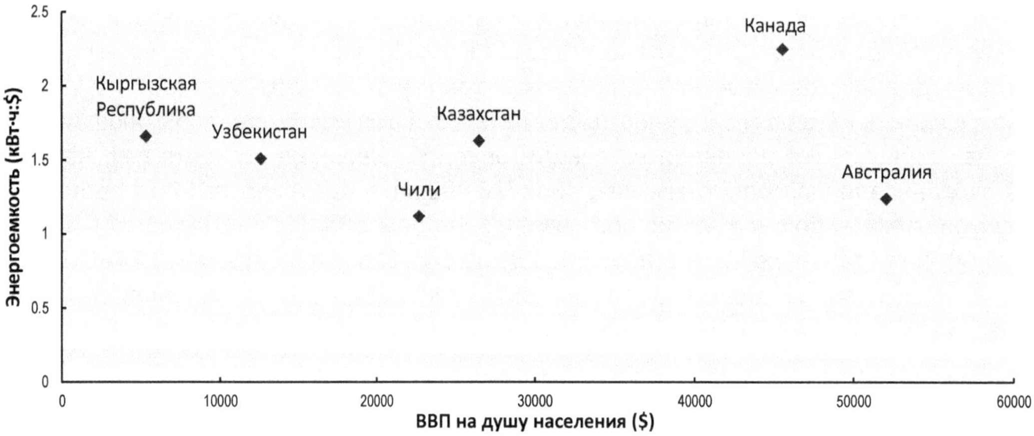

Source : (Our World in Data, 2022[18])

Имеющиеся данные показывают, что доля выбросов ПГ от промышленности в общем объеме выбросов ПГ в Кыргызской Республике ниже (7,7% в 2023 году), чем в Казахстане и Узбекистане (14,8% и 11,2% соответственно) (EDGAR Database, 2025[19]). Это может отражать как историческое давление со стороны гражданского общества Кыргызской Республики, направленным на сокращение промышленного загрязнения, так и скромные размеры промышленного сектора по сравнению с Казахстаном и Узбекистаном. Казахстан также характеризуется более высокой долей выбросов от электроэнергетики (34,6% в 2023 году, что значительно выше показателей Узбекистана (22,3%) и Кыргызской Республики (12,2%)), что свидетельствует о продолжающейся зависимости Казахстана от углеводородов для производства электроэнергии (EDGAR Database, 2025[19]). В целом горнодобывающие отрасли Центральной Азии характеризуются наличием ряда трудно сокращаемых производств, таких как производство железа, алюминия и цинка в Казахстане, меди в Узбекистане и золота во всех трех странах: к числу вызовов в сфере сокращения выбросов ПГ в этих отраслях относятся использование тяжелой мобильной техники на дизельном топливе (карьерные самосвалы, погрузчики и буровые установки), высокая энергоемкость таких процессов, как дробление и измельчение руды, применение взрывчатых веществ и химических реагентов, а также удаленное расположение многих месторождений, находящихся вне электросетей или на их периферии с низкой пропускной способностью. В связи с этим для данных секторов потребуются специальные меры.

В этом контексте мобилизация действующих и будущих операторов горнодобывающих предприятий к инвестициям в меры по повышению энергоэффективности, низкоуглеродные технологии и более чистые источники энергии является ключевым инструментом повышения промышленной производительности и долгосрочной конкурентоспособности. Высокая энергоемкость представляет собой не только препятствие для достижения целей по сокращению выбросов парниковых газов, но и существенный экономический и торговый риск. По мере расширения объемов горной добычи, роста тарифов на энергию в рамках реформ национальных энергетических систем и постепенного внедрения климатических торговых инструментов, таких как механизм трансграничного углеродного регулирования (МТУР), подобные инвестиции становятся критически важными для сдерживания производственных издержек, сохранения доступа к экспортным рынкам и поддержания конкурентных позиций в глобальных цепочках создания стоимости с ограниченными углеродными ресурсами.

Секторальные климатические цели в планировании политики

> *Несмотря на рост климатических амбиций и наличие сопутствующих планов, меры по поддержке декарбонизации горнодобывающего сектора остаются ограниченными*

Казахстан установил цели по сокращению загрязнения для крупнейших промышленных эмитентов (см. Приложение1.C). Это единственная страна Центральной Азии, имеющая конкретные цели по сокращению выбросов ПГ для крупнейших горнодобывающих предприятий. План мероприятий по реализации Концепции перехода Республики Казахстан к «зеленой экономике» на 2024-2030 годы устанавливает цели по сокращению выбросов для 50 наиболее загрязняющих предприятий страны, включая:

- Qarmet, сталелитейный департамент (Qarmet – ГП, управляющее крупнейшей угольной шахтой Казахстана в Темиртау, а также несколькими металлургическими предприятиями): предприятие должно сократить выбросы с 285 тыс. тонн в 2021 году до 149 тыс. тонн к 2027 году.
- «Казахмыс», Жезказганский медеплавильный завод («Казахмыс» – крупнейший производитель меди в Казахстане): предприятие должно сократить выбросы с 63,2 тыс. тонн в 2021 году до 31,06 тыс. тонн к 2025 году.
- «Казахмыс», Балхашский медеплавильный завод: предприятие должно сократить выбросы с 75,2 тыс. тонн в 2021 году до 31,1 тыс. тонн к 2025 году.
- «Казцинк», Эскеменский металлургический комплекс («Казцинк» – крупнейший производитель цинка в Казахстане): предприятие должно сократить выбросы с 26,299 тыс. тонн в 2021 году до 22,5 тыс. тонн к 2025 году.

Планируемые реформы системы торговли квотами на выбросы (СТВ) Казахстана, включая сокращение ежегодных бесплатных квот на выбросы, могут стимулировать смягчение последствий в горнодобывающем секторе. СТВ охватывает примерно 42,9% национальных выбросов парниковых газов (ПГ) и включает более 200 промышленных объектов из ключевых секторов, таких как нефть и газ, горная добыча полезных ископаемых, электроэнергетика, металлургия и химическая промышленность (Kazenergy, 2023[20]; UNFCCC, 2025[21]). В соответствии с амбициями ОНУВ 3.0 Казахстан планирует ускорить сокращение ежегодных бесплатных квот с запланированным ежегодным снижением на 3,41% до 2030 года (UNFCCC, 2023[22]). Постепенный отказ от бесплатных квот позволит устранить существующее перераспределение, поскольку в настоящее время горнодобывающий сектор использует лишь около 70% выделенных ему квот, и будет постепенно повышать углеродные издержки, создавая более сильные стимулы для инвестиций в декарбонизацию. Другие рассматриваемые реформы, включая меры по стабилизации рынка, могут дополнительно повысить цены на углерод в рамках СТВ и стимулировать сокращение выбросов ПГ со стороны горнодобывающих компаний. Казахстан планирует достичь углеродной нейтральности на уровне всей экономики к 2060 году, что остается амбициозной целью, учитывая, что страна по-прежнему входит в число 20 крупнейших эмитентов ПГ в мире и в пятерку стран с наибольшими выбросами углерода относительно ВВП и на душу населения (Adilet, 2024[23]). Текущие усилия по разработке дорожной карты для достижения этой цели могут способствовать сокращению выбросов ПГ в горнодобывающем секторе, особенно при установлении четко определенного вклада сектора.

Последние национальные стратегии Узбекистана включают амбициозные цели по сокращению выбросов ПГ. Стратегия «Узбекистан – 2030» устанавливает общую цель по сокращению выбросов ПГ на 30% к 2030 году по сравнению с уровнем 2010 года. ОНУВ 3.0, представленная в ноябре 2025 года, дополнительно устанавливает безусловную цель сокращения выбросов ПГ на 50% к 2035 году и достижение чистого нулевого уровня выбросов к 2055 году. План упоминает сокращение выбросов ПГ в горнодобывающем секторе, однако не содержит конкретных количественных секторальных целей или четких мер. Правительство разрабатывает долгосрочную стратегию развития с низким уровнем выбросов, которая может способствовать формированию секторального плана декарбонизации.

Крупнейшие горнодобывающие ГП Узбекистана разрабатывают климатические планы с конкретными целями по сокращению выбросов ПГ. ГП горнодобывающей отрасли Узбекистана работают над формированием собственных климатических целей, одновременно внедряя международные стандарты экологического управления, такие как ISO, IFC, GISTM и GRI. Алмалыкский ГМК (АГМК) установил цель сократить выбросы ПГ на 15% к 2030 году (UNFCCC, 2025[24]) и на 30% к 2050 году. В настоящее время компания разрабатывает стратегию декарбонизации при поддержке международных партнеров. Финансовые организации через условия финансирования могут стимулировать внедрение мер по смягчению климатических последствий, что иллюстрируется недавними инвестиционными проектами: новый медеплавильный завод АГМК, финансируемый европейским банком, планируется оснастить установками по улавливанию выбросов ПГ, что позволит избежать 90% выбросов. Навоийский ГМК (НГМК), крупнейший производитель золота в Узбекистане, разработал климатическую стратегию до 2030 года и проходит регулярные проверки и аудиты третьими сторонами для мониторинга прогресса. Недавно компания провела оценку климатических рисков и сейчас разрабатывает стратегию по снижению выявленных рисков.

ОНУВ 3.0 Кыргызской Республики обновляет национальные цели по сокращению выбросов ПГ и устанавливает общие ориентиры для промышленного сектора, однако горная добыча не упоминается в документе. План предусматривает безусловное сокращение выбросов ПГ на -18% к 2030 году и условное сокращение на -30% по сравнению со сценарием обычной деловой практики. На 2035 год предусмотрена дополнительная безусловная цель по сокращению выбросов ПГ на -16% и условное сокращение на -39% при дополнительной международной поддержке. В ОНУВ также указаны некоторые конкретные цели для промышленного сектора, такие как запуск пилотного проекта по декарбонизации для 20 промышленных предприятий, создание системы инвентаризации и мониторинга выбросов ПГ в промышленности, а также внедрение стимулов для развития низкоуглеродной промышленной деятельности (UNFCCC, 2025[25]).

Климатические цели отсутствуют в национальных стратегиях по критически важным минералам

Национальные стратегии развития горнодобывающей отрасли стран Центральной Азии не интегрируют цели по сокращению выбросов ПГ. Комплексный план развития отрасли редких и редкоземельных металлов Республики Казахстан на 2024-2028 годы преимущественно сосредоточен на промышленном развитии и не содержит ссылок на увязку отраслевого развития с климатическими целями (Adilet, 2023[26]). Кыргызская Республика недавно приняла Стратегическую программу развития критически важных минералов до 2030 года, которая включает экологические положения. Однако эти положения в основном сосредоточены на согласовании с ИПДО и другими международными стандартами, расширении возможностей зеленого финансирования и улучшении общих экологических рейтингов, при этом выбросы ПГ в документе не упоминаются. Узбекистан пока не имеет стратегии по КВМ.

Согласование развития критически важных минералов с национальными климатическими целями требует формулирования планов по сокращению выбросов ПГ и развитию горнодобывающей отрасли. В этой связи правительствам следует рассмотреть возможность интеграции целевых показателей по сокращению выбросов ПГ, а также целей по внедрению чистой энергии, повышению энергоэффективности и внедрению чистых технологий в планы развития критически важных минералов. Учитывая значимость горнодобывающего и металлургического секторов в странах Центральной Азии, интерес международных торговых партнеров к инвестициям, а также углеродо- и энергоемкость горнодобывающих операций, имеются веские основания для приоритизации разработки секторальных планов декарбонизации, определяющих вклад горнодобывающих отраслей в достижение национальных целей по сокращению выбросов ПГ и достижению целей чистого нуля. Страны также могут рассмотреть возможность включения ссылок на климатические цели в стратегии по КВМ, а также целей по развитию возобновляемой энергетики и других мер, поддерживающих декарбонизацию. Они могли бы предусмотреть включение мер, способствующих внедрению таких технологий, как улавливание углерода и использование возобновляемого водорода в отдельных промышленных процессах, а также цифровых технологий для мониторинга процессов, таких как измельчение, дробление и вентиляция. Любые инвестиционные стимулы в горнодобывающем секторе должны включать условия, касающиеся их соответствия национальным климатическим целям, при этом усилия по привлечению международных инвестиций могут предусматривать особый акцент на устойчивых технологиях. Кыргызская Республика и Узбекистан могли бы последовать примеру Казахстана и установить цели по сокращению выбросов ПГ для крупнейших горнодобывающих компаний-эмитентов ПГ. Узбекистан мог бы рассмотреть возможность установления более конкретных целей по сокращению выбросов ПГ в промышленных процессах. Опыт Чили служит хорошим примером интеграции климатических амбиций в планы развития горнодобывающего сектора (см.Вставка 3.1).

Вставка 3.1. Климатическая рамочная политика Чили для горнодобывающего сектора

Чили является крупнейшим в мире производителем меди и крупным производителем лития, планирующим значительное расширение литиевой отрасли. Страна взяла на себя обязательство достичь углеродной нейтральности к 2050 году и прекратить добычу угля к 2040 году. Уже реализован ряд инициатив, направленных на декарбонизацию горнодобывающего сектора, таких как проект «Энергоэффективность в горнодобывающей промышленности» (2019), целью которого было предоставление технических консультаций и проведение обучающих мероприятий для горнодобывающих компаний.

Последняя версия ОНУВ Чили предусматривает конкретные целевые показатели по декарбонизации для горнодобывающей отрасли. Планируется сократить выбросы CO_2 на 57% в карьерах по добыче меди, на 74% в подземной добыче меди и на 52% в других видах горнодобывающей деятельности. ОНУВ поощряет использование электромобилей в горнодобывающей промышленности, электрификацию тепловых процессов и гидроэнергетику. Использование возобновляемых источников энергии является ключевым элементом, и ОНУВ предусматривает достижение 90% доли возобновляемой энергии в крупных горнодобывающих операциях к 2030 году. Цель достижения углеродной нейтральности в горнодобывающем секторе установлена на 2040 год, на десять лет раньше общенациональной цели.

Промышленность и горнодобывающая отрасль остаются крупнейшими потребителями энергии в Чили, на их долю приходилось 38% всего энергопотребления в 2020 году, что на 18% выше по сравнению с уровнем 2010-2020 годов. В связи с этим страна поставила цель сократить выбросы ПГ от промышленности и горнодобывающей отрасли на 70% к 2050 году по сравнению с уровнем 2018 года. Для этого правительство стимулирует использование возобновляемых источников энергии. Согласно PEN, не менее 90% энергии для отопления в промышленности должно поступать из низкоуглеродных источников, таких как солнечная энергия, к 2050 году. В 2021 году возобновляемые источники энергии уже обеспечивали 44% потребления электроэнергии в горнодобывающем секторе, и ожидалось, что к 2025 году этот показатель превысит 60%.

Углеродный налог Чили на стационарные источники выбросов ПГ вступил в силу в 2017 году и допускает использование механизмов зачета для соблюдения требований. Налог применяется к объектам, выбрасывающим более 25000 тонн CO_2 в год или более 100 тонн твердых частиц в год. Ставка налога составляет 5 долларов США за тонну CO_2, что считается низким показателем по международным стандартам: правительство предложило повысить ее до 35-40 долларов США к 2030 году.

Источник: (Villarino, 2025[27]), (IGF, 2024[28]), (IGF, 2024[29]), (Canadian Mining Journal, 2025[30])

Правительства также могли бы поддержать контролируемое экспериментирование с низкоуглеродными инновациями в горнодобывающем секторе, в частности использование возобновляемого водорода для декарбонизации операций, где альтернативы остаются ограниченными или чрезмерно дорогостоящими. Казахстан и Узбекистан уже развивают крупномасштабные проекты по возобновляемому водороду, при наличии растущих технических экспертных знаний в крупных ГП, таких как «КазМунайГаз» в Казахстане и «Узкимесаноат» в Узбекистане, которая может быть использована для пилотного внедрения решений в горнодобывающей отрасли. Возобновляемый водород предлагает несколько направлений декарбонизации: обеспечение энергией тяжелой мобильной техники, такой как карьерные самосвалы, посредством водородных топливных элементов, предоставление долгосрочного хранения возобновляемой энергии, обеспечение выработки электроэнергии непосредственно на площадке, а также использование в качестве восстановителя и источника высокотемпературного тепла в углеродоемких отраслях последующей переработки, таких как производство стали и меди. Опыт Монголии по пилотному внедрению электролизера мощностью 1,5 МВт на месторождении Оюу-Толгой, одном из крупнейших в мире месторождений меди и золота, дополнительно иллюстрирует потенциал раннего внедрения для обеспечения энергетических потребностей горнодобывающих площадок. Позиционирование крупных горнодобывающих операций в качестве ранних потребителей возобновляемого водорода позволило бы создать опорный внутренний рынок для этой развивающейся технологии, ускорить снижение издержек, укрепить локальные цепочки создания стоимости и способствовать достижению национальных и отраслевых целей по сокращению выбросов ПГ.

Нормативно-правовые рамки в сфере выбросов ПГ в горнодобывающем секторе являются амбициозными, однако содержат ряд существенных пробелов

Внедрение систем торговли квотами на выбросы (СТВ) для сокращения выбросов в углеродоемких секторах, таких как горнодобывающая промышленность и металлургия, находится в процессе реализации (см. Приложение1.D). Действующая экологическая нормативная база Казахстана предусматривает развитую СТВ, в рамках которой предприятия, подпадающие под действие квот, обязаны разрабатывать планы мониторинга выбросов ПГ, а результаты инвентаризации выбросов подлежат верификации. В Узбекистане правительство недавно приняло ряд новых законов, включая Закон «Об ограничении выбросов парниковых газов», который закладывает основу для создания СТВ. Действующее законодательство Кыргызской Республики в сфере ПГ предусматривает, что природопользователи могут использовать источники выбросов ПГ только при наличии достаточного объема предельно допустимых выбросов (квот). Однако эти требования не соответствуют существованию рыночной системы торговли выбросами, аналогичной системам в Казахстане или Узбекистане.

Тем не менее в горнодобывающем законодательстве могут наблюдаться определенные нормативные пробелы. Действующее экологическое законодательство Казахстана, хотя и предусматривает обязательную экологическую экспертизу для горнодобывающей деятельности, не включает учет воздействия выбросов ПГ в рамках процедуры ОВОС (Adilet, 2021[31]). Кроме того, выбросы ПГ, как правило, не требуют получения специальных экологических разрешений ни в Казахстане, ни в Узбекистане (Lex.uz, 2025[32]). Закон Кыргызской Республики «О государственном регулировании и политике в области выбросов и поглощения парниковых газов» предусматривает участие общественности в принятии решений на этапах разработки, утверждения и реализации климатических проектов, положение, отсутствующее в действующем законодательстве Казахстана и Узбекистана в сфере управления выбросами ПГ (Government of the Kyrgyz Republic, 2022[33]).

В качестве дальнейших шагов все три правительства могли бы рассмотреть возможность введения специальных экологических разрешений на выбросы ПГ в горнодобывающей отрасли. Кыргызская Республика могла бы последовать примеру Казахстана и Узбекистана и рассмотреть создание полноценной системы торговли квотами выбросов (СТВ) для эффективного стимулирования сокращения выбросов ПГ. Казахстан и Узбекистан, в свою очередь, могли бы последовать примеру правовой базы Кыргызской Республики и рассмотреть создание механизмов общественных консультаций по вопросам выбросов ПГ на этапах разработки, утверждения и реализации горнодобывающих проектов.

Экологические нормы, стратегические экологические оценки (СЭО) и оценки воздействия на окружающую среду (ОВОС)

Стратегическая экологическая оценка (СЭО) – это «аналитические и партисипативные подходы, направленные на интеграцию экологических соображений в политики, планы и программы и оценку взаимосвязи с экономическими и социальными аспектами» (OECD, 2006[34]). Основная цель СЭО - интегрировать экологические аспекты наряду с экономическими и социальными в стратегическое планирование и принятие решений. На уровне правительства процессы СЭО могут быть интегрированы не только в широкие стратегии и планы, но и в программы бюджетной поддержки, реформы политики в горнодобывающем секторе, горнодобывающую политику, планы инвестиций в горнодобывающую промышленность и так далее. СЭО отличаются от оценок воздействия на окружающую среду (ОВОС): в то время как СЭО оценивают политики, планы и стратегические программы и интегрируют экологические соображения до окончательного определения стратегических направлений, ОВОС оценивают конкретные проекты (например, разработку месторождений) и проводятся на этапе планирования или проектирования.

Применение стратегических экологических оценок (СЭО) в горнодобывающем секторе помогает странам согласовать развитие добычи минералов с климатическими мерами и более широкими целями устойчивого развития. На национальном уровне СЭО поддерживают координированное планирование между потребностями горнодобывающей отрасли и инфраструктуры, обеспечивают согласованность с климатической политикой и политикой развития, а также оценивают институциональный потенциал для управления экологическими и социальными рисками. Они укрепляют нормативную основу устойчивого развития, улучшают управление и администрирование доходов, способствуют развитию навыков и инвестициям в технологии, снижающие экологический след, а также содействуют долгосрочному планированию закрытия и рекультивации шахт. На региональном уровне СЭО помогают оценить влияние горнодобывающей деятельности на другие экономические сектора, определять приоритеты для консервации природы и низкоуглеродного развития, а также обеспечивать межотраслевую координацию между инфраструктурой, коммунальными системами, планированием землепользования и биоразнообразием. Они также предоставляют структурированный подход к оценке и управлению воздействием на сообщества.

В Казахстане существует правовая база для стратегической экологической оценки (СЭО), однако ее эффективность ослаблена сложностями реализации. Экологический кодекс предписывает проведение СЭО для ключевых экономических секторов, включая горнодобывающую промышленность и планы территориального развития, и определяет процесс, включая скрининг, определение объема, подготовку отчетности, оценку качества, мониторинг и участие заинтересованных сторон (Government of Kazakhstan, 2021[35]). Однако реализация остается ограниченной из-за слабых отраслевых методических инструкций, сложности регулирования и низкого уровня участия общественности (OECD, Forthcoming[36]).

Экологический кодекс требует, чтобы хозяйственная деятельность с воздействием на окружающую среду проходила комплексную процедуру Оценки воздействия на окружающую среду (ОВОС), контролируемую Министерством экологии, геологии и природных ресурсов. Если предварительный скрининг определяет необходимость проведения ОВОС, такая оценка должна проводиться для открытых карьеров по добыче твердых минералов площадью более 25 гектаров, добычи и переработки общераспространенных минералов объемом более 10 000 тонн в год, а также для подземной добычи твердых минералов. Процесс ОВОС предусматривает 30-дневный период общественных консультаций, а документы публикуются на Едином экологическом портале (Ecogosfond.kz, 2026[37]). Однако интервью показывают, что практическое применение данного требования носило неоднозначный характер (OECD, 2025[38]). Оценки реализации процедур ОВОС в Казахстане указывают на недостатки их эффективности.

Кроме того, на субнациональном уровне отсутствует достаточный институциональный потенциал (OECD, Forthcoming[36]).

В соответствии с Законом Кыргызской Республики «Об охране окружающей среды» любая планируемая хозяйственная деятельность, которая может оказывать воздействие на окружающую среду, должна проходить Государственную экологическую экспертизу. Без положительного заключения реализация проекта будет запрещена. Закон также устанавливает предельно допустимые концентрации вредных веществ в воде. Сброс сточных вод в водные объекты общего пользования и подземные водоносные горизонты запрещен. Закон Кыргызской Республики «Об экологической экспертизе» предусматривает проведение ОВОС для всех видов и стадий разработки.

Недавно принятый Закон Республики Узбекистан «Об экологической экспертизе, оценке воздействия на окружающую среду (ОВОС) и стратегической экологической оценке (СЭО)» предусматривает проведение ОВОС в качестве предварительного условия для последующей экологической экспертизы. Для новых проектов документация по ОВОС включает Проект заявления о воздействии на окружающую среду, Заявление об экологических последствиях и, при необходимости, Заявление о воздействии на окружающую среду. Инициатор проекта обязан проводить общественные слушания в рамках ОВОС для обсуждения потенциальных экологических последствий планируемой деятельности с общественностью. Если мотивированные возражения участников включены в итоговые документы общественных слушаний, реализация проекта может быть признана недопустимой. После проведения ОВОС следует экологическая экспертиза, которая состоит из двух отдельных процессов: Государственной экологической экспертизы материалов по выбору/предоставлению земельных участков для строительства, предпроектной и проектной документации, действующих объектов, оказывающих негативное воздействие на окружающую среду, а также объектов со специальным правовым режимом, и Общественной экологической экспертизы, которая представляет собой экологическое изучение, проводимое НПО, местными сообществами и гражданами; ее заключения носят консультативный и необязательный характер для решения правительства об утверждении проекта. Для проектов, включенных в документы стратегического планирования, разрабатываемые правительством (например, проекты в горнодобывающей отрасли, представленные ГП), такие документы планирования подлежат СЭО. На момент подготовки данного текста Алмалыкский ГМК проводит СЭО для нового проекта плавильного завода, которая должна послужить основой для дальнейших СЭО в горнодобывающем секторе.

Все три правительства могли бы рассмотреть возможность работы по трем основным направлениям в отношении действующих рамок экологической экспертизы:

- **Интеграция социальных и экономических аспектов в действующие процессы СЭО** для обеспечения полноценной оценки устойчивости (OECD, 2006[34]). На сегодняшний день нормативные рамки трех правительств еще не предусматривают обязательной интеграции экономических и социальных аспектов в документацию по СЭО.
- **Интеграция оценки институционального потенциала в действующие процессы СЭО** с целью совершенствования системы управления экологическими, социальными и экономическими рисками (OECD, 2006[34]). Действующие нормативные рамки пока не включают такую оценку.
- **Включение возможности независимого изучения в действующие процессы СЭО** для создания системы обеспечения качества (OECD, 2006[34]); в Узбекистане Общественная экологическая экспертиза могла бы быть наделена юридически обязательной силой для государственных органов.

Более конкретно в отношении горнодобывающего сектора правительства стран Центральной Азии могли бы рассмотреть следующие меры:

- **Укрепление нормативной и институциональной национальной нормативной базы для СЭО** (например, в дорожной карте по реализации низкоуглеродного развития, других соответствующих политиках и национальных/секторальных стратегиях, включая горнодобывающую отрасль) и назначение «чемпионов» в министерствах, отвечающих за развитие горнодобывающей отрасли.
- **Разработка практических руководящих инструкций** по отраслевому применению СЭО в горнодобывающем секторе с опорой на международный опыт.
- **Обеспечение достаточности ресурсов** (например, финансовых и кадровых) и установление **четких сроков**, согласованных с процессами подготовки проектов.
- **Продвижение и повышение осведомленности среди заинтересованных сторон в горнодобывающем секторе** на национальном и местном уровнях.
- **Реализация программ по наращиванию потенциала и обучению** для национальных и субнациональных исполнителей, специально в горнодобывающем секторе.

Решение проблемы водного стресса и загрязнения

Водный стресс и неэффективное водопользование

Центральная Азия особенно уязвима к дефициту водных ресурсов

Центральная Азия испытывает дефицит водных ресурсов вследствие исторически неэффективного управления поверхностными и подземными водами, а также интенсивной сельскохозяйственной деятельности. Дефицит воды усугубляется ростом спроса, изменением климата и зависимостью от трансграничных водных потоков. Регион стал свидетелем стремительного высыхания крупнейших водоемов, прежде всего Аральского моря, которое некогда было третьим по величине озером в мире и главным соленым водоемом региона. В советский период масштабное орошаемое земледелие распространилось по засушливым равнинам Казахстана, Узбекистана и Туркменистана, отводя воду из двух основных притоков Аральского моря, Амударьи и Сырдарьи, главным образом для выращивания хлопка и риса. Со временем, в период с 1960-х по 2010-е годы, площадь поверхности моря сократилась почти на 90%. В Узбекистане производство хлопка, известного как «белое золото», обусловило резкое расширение орошаемых земель, тогда как в Казахстане основной рисопроизводящий регион Кызылорда в значительной степени зависел от вод Сырдарьи как части бассейна Аральского моря (World Bank, 2004[39]) (France 24, 2025[40]) (NPR, 2024[41]) (IIETA, 2023[42]). В результате к концу 1980-х годов большая часть южной (узбекской) части Аральского моря высохла, оставив лишь меньшую по размеру северную казахстанскую часть, которая впоследствии стала объектом восстановительных усилий. Водный дефицит в настоящее время затрагивает и Каспийское море, особенно его северную часть, омывающую Атыраускую и Мангистаускую области Казахстана, что вызывает серьезную обеспокоенность, поскольку к концу столетия море может потерять до трети площади поверхности. В то же время почти 10 миллионов человек в Центральной Азии (13,5% населения) по-прежнему не имеют доступа к чистой питьевой воде, поскольку, по оценкам, около 80% водной инфраструктуры региона устарело и приводит к потерям воды до 55% (Vinokurov, 2024[43]).

Казахстан зависит от сокращающегося стока трансграничных водных объектов, в то время как его потребление воды, как ожидается, будет расти

Казахстан в значительной степени зависит от воды, формирующейся за пределами его границ, при этом трансграничные источники обеспечивают около 44% общего притока поверхностных вод (FAO, 2022[44]). Со временем Казахстан столкнулся со снижением объема поверхностных вод на 27% вследствие совокупного воздействия изменения климата и роста спроса на воду как внутри страны, так и в верховьях трансграничных бассейнов (World Bank, 2024[45]). В то же время ожидается, что к 2040 году национальное потребление воды вырастет на 56% (PrimeMinister.kz, 2020[46]). На отраслевом уровне сельское хозяйство является крупнейшим потребителем воды, на долю которого приходится примерно 60% общего водозабора, главным образом для целей орошения. Промышленность следует далее с показателем около 23,5%, при этом большая часть воды используется для производства электроэнергии и, в меньшей степени, для добычи и переработки. Потребление домохозяйствами относительно невелико и составляет около 4% (The Astana Times, 2025[47]). Продуктивность использования воды в сельском хозяйстве остается низкой из-за водоемких культур с низкой добавленной стоимостью и устаревших оросительных систем, характеризующихся значительными потерями. Эффективность использования воды в промышленности, включая горнодобывающую отрасль, также ограничена изношенной инфраструктурой. Дефицит квалифицированных кадров и ограниченные исследования в секторах водопользования усиливают эти ограничения, которые вместе с более широкими экономическими и нормативными факторами, изложенными в примере медного рудника ниже, способствуют росту зависимости горнодобывающего сектора от пресной воды (см.Вставка 3.2) (World Bank, 2024[45]) (Radelyuk, I.; Klemes, J.J.; Jia, X.; Yelubay, M, 2023[48]).

Вставка 3.2. Использование воды на рудниках в Казахстане: пример медного рудника (MineX)

Исследование на недавно разработанном медном руднике в Казахстане (MineX) проанализировало модели водопользования расширяющегося горнодобывающего сектора страны за семилетний период. Отдавая приоритет современным технологиям, эффективности и замкнутому водообороту, руднику удалось повторно использовать 84% производственной воды и не осуществлять сброс в окружающую среду. Однако при этом был зафиксирован ежегодный рост забора пресной воды на 10%, и 66% общего потребления воды оказалось аккумулированным в хвостохранилище, что способствовало относительно высокой водоемкости (0,69 м³ на тонну руды). Один только MineX обеспечивал примерно 1,5% водозабора добывающей промышленности, и с учетом роста числа горнодобывающих компаний на 50% за последнее десятилетие совокупное воздействие на трансграничный бассейн, уже испытывающий средне-высокий уровень водного дефицита, является значительным.

Неэффективность водопользования в горнодобывающем секторе Казахстана обусловлена сочетанием слабого управления водными ресурсами и эксплуатационных характеристик, формирующих структурно высокую зависимость от пресной воды. Промышленные тарифы на воду остаются чрезвычайно низкими (0,04-0,10 долл. США/м³ по сравнению с мировым средним уровнем 2,5-3,0 долл. США/м³), что делает для компаний значительно более дешевым забор пресной воды, чем инвестиции в очистку или дополнительное повторное использование. На MineX устаревшие нормы распределения дополнительно подрывают эффективность, поскольку водные разрешения позволяют руднику забирать до 30% больше воды, чем требуется. В то же время нормативы по сбросам устанавливаются в индивидуальном порядке, что создает регуляторную неопределенность, сдерживающую инвестиции в очистные сооружения и ограничивающую стимулы к возврату воды в бассейн. С эксплуатационной точки зрения MineX теряет значительную долю воды в хвостах, что означает невозможность ее восстановления, а возможности рециркуляции становятся все более ограниченными по мере роста производства. В совокупности низкие экономические стимулы, нормативные пробелы и данные структурные потери воды приводят к тому, что даже при эффективной внутренней рециркуляции рудник, как и весь сектор, остается в значительной степени зависимым от забора дешевой пресной воды, усиливая неустойчивые модели в регионе, уже испытывающем водный дефицит.

Примечание: рудник обозначен как «MineX» по соображениям конфиденциальности, поскольку личность компании не может быть раскрыта.
Источник: (Atakhanova, Z., Meirambayeva, M., & Baigaliyeva, M., 2024[49])

Кыргызская Республика обладает богатыми водными ресурсами, но может улучшить доступ к воде и повысить водную продуктивность

Кыргызская Республика, обладая обильными водными ресурсами и исключительно низким коэффициентом зависимости (лишь 1% ее поверхностных вод формируется за счет соседних стран), в меньшей степени подвержена водному стрессу и играет значительную роль в обеспечении водной безопасности региона. Текущий объем водозабора составляет 15,6% от общего объема внутренних возобновляемых водных ресурсов, а общий уровень водного стресса около 50% относит страну к категории с низко-средним уровнем. Тем не менее Кыргызской Республике необходимо обеспечить более равномерное распределение безопасной питьевой воды по территории страны, поскольку доступ к ней в сельской местности остается значительно ниже, чем в городах. Лишь 67% сельского населения имеют доступ к безопасной питьевой воде по сравнению с 92% в городских районах, и из 2 014 сел страны только 796 в настоящее время имеют доступ к чистой воде (The Times of Central Asia, 2025[50]). В целом водная продуктивность в Кыргызской Республике очень низкая (0,84 долл. США за кубический метр по сравнению с региональным средним показателем ≈1-2 долл. США), что в значительной степени обусловлено сельским хозяйством, которое использует более 90% национального водозабора, но создает ограниченную экономическую ценность из-за неэффективного паводкового орошения. В этих условиях эффективность использования воды в промышленности также остается умеренной. Хотя на промышленность приходится лишь около 4% общего водозабора, ее экономическая водная продуктивность несколько выше, на уровне около 5,5 долл. США за кубический метр. Такая слабая результативность связана с системной неэффективностью: только 19% сточных вод проходят безопасную очистку. Промышленные сбросы, особенно со стороны горнодобывающей отрасли, производства энергии и неочищенные сточные воды являются основными факторами ухудшения качества воды в стране. В совокупности эти факторы означают, что промышленный сектор создает сравнительно низкую экономическую ценность из используемой воды, одновременно налагая несоразмерно высокие экологические издержки (World Bank, 2024[51]).

Узбекистан испытывает нехватку воды, в то время как производительность водных ресурсов остается низкой

Обеспеченность Узбекистана водными ресурсами находится на низко-среднем уровне, и около 80% его поверхностных вод формируется за пределами страны. Такая зависимость от трансграничных притоков делает страну весьма уязвимой к водоемкой деятельности в верховьях, такой как строительство плотин и эксплуатация гидроэлектростанций в таких странах как Таджикистан (World Bank, 2024[52]). Доступ к безопасной питьевой воде остается неравномерным, лишь 71% сельского населения обеспечены ею по сравнению с 89% в городских районах (UNECE, 2025[53]). Ожидается, что изменение климата дополнительно усилит дефицит, при прогнозируемом снижении водообеспеченности на 30-40% и росте спроса на орошение на 25% в предстоящие годы (World Bank, 2025[54]). Общая экономическая продуктивность использования воды в Узбекистане очень низкая, сельское хозяйство изымает более 90% общего объема воды, однако создает очень низкую экономическую ценность на единицу ресурса, продуктивность составляет всего 0,45 долл. США за кубический метр. Промышленный сектор, хотя и использует меньший объем воды (около 3,6%), демонстрирует умеренную продуктивность (12-19 долл. США за кубический метр), однако его общая эффективность водопользования ограничена более широкими системными ограничениями. Например, на Алмалыкском горнометаллургическом комбинате большие объемы сточных вод (около 1 750 кубических метров в сутки) проходят лишь частичную очистку, поскольку очистное оборудование устарело, и технология больше не соответствует эксплуатационным потребностям. Таким образом, ограниченные мощности по очистке сокращают потенциал повторного использования и в конечном итоге увеличивают потребность горнодобывающего сектора в пресной воде (World Bank, 2024[52]) (Egamberdiyev, 2025[55]). В 2025 году АГМК запустил пилотный проект по очистке сточных вод с финской компанией EPSE OY (Agmk.uz, 2025[56]).

Политики управления водными ресурсами

Все три страны опираются на существующий массив законодательства, регулирующего использование подземных вод в горнодобывающей промышленности, включая забор и сброс воды (см. Приложение1.E).

- **В Казахстане** любой проект по забору воды должен быть одобрен правительством, если объем превышает 1000 м³ в сутки. В отношении сброса воды действующее законодательство различает объекты категории I и II (оказывающие негативное воздействие на окружающую среду) и объекты категории III (также оказывающие негативное воздействие, но менее значительное, чем объекты категорий I и II): для объектов категорий I и II требуется экологическое разрешение на сброс очищенных хозяйственно-бытовых и производственных сточных вод, тогда как для объектов категории III необходимо представление декларации о воздействии на окружающую среду. Сброс попутно извлекаемых подземных вод при операциях по недропользованию относится к специальному водопользованию и, следовательно, также требует специального разрешения. Однако приток подземных вод в горные выработки при добыче минералов не требует специального разрешения или лицензии, при этом сброс карьерных и шахтных вод не связан с обязательными требованиями немедленной очистки.

- **В Кыргызской Республике** использование водных ресурсов требует лицензии, водной концессии или аренды. Сброс сточных вод подлежит разрешению со стороны специально уполномоченных государственных органов и должен быть согласован с органами санитарного надзора и охраны рыбных запасов. Сброс сточных вод допускается только в том случае, если он не приводит к превышению установленных норм концентрации загрязняющих веществ в водном объекте, и только при условии очистки сточных вод водопользователем до установленных пределов.
- **В Узбекистане** водозабор для горнодобывающей деятельности требует установления квот на основе норм технологических потребностей в воде, определяемых Министерством горной промышленности и геологии для подземных вод. Водозабор с использованием водоподъемных устройств относится к специальному водопользованию и требует специального разрешения Министерства горной промышленности и геологии для операций с забором более 5 $м^3$ в сутки. Сброс воды также рассматривается как специальное водопользование и требует разрешения. Сброс допускается только при условии, что он не приводит к превышению установленных норм концентрации загрязняющих веществ и что водопользователь очищает сточные воды до пределов, установленных государством. Компенсационные выплаты за загрязнение основываются на принципе «загрязнитель платит».

Однако существующие национальные программы, даже когда они устанавливают цели в области водопользования, редко предусматривают конкретные задачи для горнодобывающего сектора. В Казахстане отраслевые цели не трансформируются в количественные показатели и, по-видимому, в большей степени ориентированы на углеводородную промышленность, чем на добычу минералов. В Кыргызской Республике цели, специфичные для горнодобывающего сектора, не отражены в национальных стратегиях, тогда как в Узбекистане большинство целей в сфере управления водными ресурсами направлены на орошение, что обусловлено доминирующим положением сельского хозяйства в структуре водопользования; цели, связанные с промышленностью, в стратегиях Узбекистана включают определение лимитов водозабора на основе прогнозов водных ресурсов и повышение качества государственного водного кадастра. Министерство горнодобывающей промышленности и геологии Узбекистана планирует преобразовать Институт гидрогеологии в первую в Центральной Азии аккредитованную на международном уровне лабораторию по анализу загрязнения воды, воздуха и почвы на горнодобывающих объектах. Министерство признает, что в настоящее время ни одна горнодобывающая компания не использует 100% оборотной воды, однако планирует достичь этой цели в обозримом будущем. Также планируется цифровизация балансового учета подземных и грунтовых вод путем оснащения всех скважин соответствующими приборами учета.

В качестве дальнейших шагов правительства могли бы рассмотреть возможность интеграции конкретных целей по водопользованию в горнодобывающем секторе в будущие стратегические планы развития и экологические программы, установления четких и измеримых показателей по использованию воды, лимитам потребления, мониторингу и

сокращению загрязнения. Разработка или пересмотр стратегий по КВМ и горнодобывающей отрасли также могли бы включать содержательный экологический компонент с четко определенными целями и лимитами по потреблению воды и загрязнению. Пересмотр тарифов на воду также мог бы способствовать усилению стимулов к более эффективному использованию водных ресурсов. Для усиления надзора Кыргызская Республика могла бы также ввести отдельные разрешения или квоты на водозабор для горнодобывающих операций. Кроме того, как Казахстан, так и Кыргызская Республика могли бы усилить принцип «загрязнитель платит» путем установления четких механизмов компенсации за загрязнение.

Загрязнение водных ресурсов

Официальные данные о загрязнении воды, которые позволили бы провести оценку последствий горнодобывающей деятельности для водных объектов, остаются ограниченными. Из трех национальных статистических агентств только казахстанское агентство предоставляет данные об уровнях загрязнения воды. Используемым показателем является **Индекс загрязнения воды (ИЗВ),** сводный показатель, который обычно включает pH, электрическую проводимость, общее содержание растворенных веществ (TDS), основные ионы, тяжелые металлы и микроэлементы, мутность, биохимическую потребность в кислороде (BOD), растворенный кислород (DO), химическую потребность в кислороде (COD) и количество фекальных колиформных бактерий. Оценка ИЗВ организована по степеням (или классам), определяемым на основе баллов:

- 1-я степень: очень чистая (<0,3).
- 2-я степень: чистая (0,3–1,0).
- 3-я степень: умеренно загрязненная (1,0–2,5).
- 4-я степень: загрязненная (2,5–4,0).
- 5-я степень: грязная (4,0–6,0).
- 6-я степень: очень грязная (6,0–10,0).
- 7-я степень: чрезвычайно грязная (>10,0).

Данные ИЗВ Казахстана свидетельствуют о потенциально высоких уровнях загрязнения, связанных с горнодобывающей деятельностью. Данные доступны за 2022 год, но степени приведены без точных баллов, на основе которых они определены. Особенно тревожные результаты зафиксированы для рек Нура, Талас и Тобол, которые отнесены к степени выше 5-й (грязная). Нура протекает через город Темиртау, где расположен крупнейший в стране угольный разрез, а также недалеко от угольного промышленного центра Караганды, что частично может объяснять высокий уровень загрязнения воды. Тобол протекает через город Рудный, где расположен крупнейший в стране железорудный горнометаллургический комбинат, состоящий из нескольких карьеров и принадлежащий ERG, а также через город Лисаковск, где находится железорудный рудник, также добывающий бокситы и цинковую руду. Шортанды, один из притоков Тобола, протекает через город Житикара, где расположен крупнейший в стране асбестовый комбинат, также состоящий из нескольких карьеров. Уровни загрязнения реки Талас могут объясняться сбросом коммунальных отходов из города Тараз, а также горнодобывающей деятельностью в верховьях в Таласской области Кыргызской Республики (KazStat, 2023[57]).

Официальные и общедоступные данные Кыргызской Республики не содержат статистики по загрязнению воды в результате горнодобывающей деятельности. Наиболее свежие данные, содержащие степени ИЗВ, относятся к 2017 году и касаются только притоков реки Сырдарья на юге страны, главным образом в Манасской, Ошской и Нарынской областях. Результаты показывают лишь умеренный уровень загрязнения в некоторых реках. Однако отсутствие более свежих данных ИЗВ по этим водным объектам не позволяет сделать однозначные выводы (Karymshakov and Tazhibaev, 2017[58]). В частности, река Майлуу-Суу, один из притоков Сырдарьи, получившая в 2017 году 3-ю степень ИЗВ (умеренно загрязненная), в исследовании 2025 года с использованием других показателей показала аномально высокую концентрацию урана, селена и тяжелых металлов (Egemberdieva, 2025[59]), что подчеркивает риск радиоактивного загрязнения, связанного с добычей урана. Данные ИЗВ по загрязнению воды в озере Иссык-Куль, расположенном вблизи крупнейших золотых рудников страны, а также в бассейне Чуй-Талас на севере Кыргызской Республики отсутствуют. Однако недавние исследования выявили следы тяжелых металлов, таких как мышьяк, хром, свинец, медь и цинк в бассейне Иссык-Куля, присутствие которых может быть связано с горнодобывающей деятельностью и последующими сильными дождями, способствующими вымыванию этих металлов из отвалов (Liu, 2020[60]). Те же тяжелые металлы были обнаружены в водных объектах бассейна Чуй-Талас, некоторые из них, вероятно, также имеют происхождение, связанное с горнодобывающей деятельностью (Ma, 2020[61]).

Официальные и общедоступные данные не содержат статистики по загрязнению воды в результате горнодобывающей деятельности в Узбекистане. Последние данные ИЗВ относятся к 2018 году и касаются только наиболее загрязненных водных объектов, два из которых являются коллекторами. Река Зарафшан в городе Навои, где расположен крупнейший в стране золотодобывающий горнометаллургический комплекс (НГМК), была отнесена к категории умеренно загрязненных (UNECE, 2020[62]). Однако отсутствие дополнительных данных не позволяет провести всестороннюю оценку загрязнения водных ресурсов в стране в целом. В последние годы на объектах НГМК было реализовано несколько проектов, в том числе реконструкция насосных станций на водопроводе Амударья-Зарафшан и увеличение повторного использования сточных вод и подземных вод, что, возможно, положительно повлияло на качество воды в Зарафшане (Ngmk.uz, 2025[63]).

В качестве дальнейших шагов, а также в продолжение интеграции задач, связанных с горнодобывающей деятельностью, в национальные политические рамки, правительства могли бы усилить надзор за загрязнением водных ресурсов путем обеспечения более систематического и доступного мониторинга по основным водным объектам. Регулярное публичное раскрытие показателей качества воды также способствовало бы повышению прозрачности и более эффективному управлению загрязнением.

Управление отходами горнодобывающей деятельности и хвостохранилищами

Расширение горнодобывающей деятельности и связанные с этим вызовы в области управления горнодобывающими отходами

Центральная Азия является регионом с многочисленными объектами размещения отходов и хвостохранилищами, управление которыми сопряжено со значительными рисками

Казахстан, Кыргызская Республика и Узбекистан располагают множеством действующих и исторически накопленных хвостохранилищ, некоторые из которых содержат опасные отходы. Хвостохранилища Казахстана преимущественно расположены в Восточно-Казахстанской области, где сосредоточена большая часть цинковой и свинцовой промышленности страны, а также в Карагандинской и Жамбылской областях в центральной и южной частях Казахстана. В 2022 году Министерство экологии и природных ресурсов вмешалось с целью остановки проекта строительства хвостохранилища в Акмолинской области, который не прошел общественные слушания или государственную экспертизу, что свидетельствует о росте осведомленности государственных органов по вопросам, связанным с отходами горнодобывающей деятельности

(Business and Human Rights Centre, 2022[64]). В Кыргызской Республике Государственный кадастр горнодобывающей промышленности и отходов насчитывал 92 объекта с токсичными и радиоактивными горнодобывающими отходами: большинство из них расположены в Манасской, Ошской и Баткенской областях, вблизи границы с Узбекистаном. В Кыргызской Республике регулярно возникают дискуссии по вопросам управления отходами и хвостами горнодобывающей деятельности, в последний раз в связи с новым объектом хранения отходов, планируемым финской компанией Metso на золотом руднике Кумтор (The Times of Central Asia, 2024[65]). Узбекистан также располагает несколькими хвостохранилищами, некоторые из которых содержат радиоактивные отходы от добычи урана. Управление отходами, связанными с добычей урана, является общей проблемой для всех трех стран, поскольку Казахстан и Узбекистан являются ведущими производителями урана, а Кыргызская Республика недавно отменила запрет 2019 года на добычу урана и возобновила развитие урановой отрасли. Разработка новых объектов добычи КВМ приведет к образованию больших объемов химически и радиологически опасных отходов, тем самым усиливая существующие риски для подземных и поверхностных вод, тенденция, которая может усугубляться более интенсивными осадками, оползнями и селевыми потоками, а также высокой сейсмической активностью в Кыргызской Республике и Узбекистане.

Правительства начинают решать проблему посредством законодательства и планирования политики

Все три страны опираются на сформировавшиеся массивы законодательства о недропользовании и охране окружающей среды, которые помимо общих правил управления отходами также распространяются на горнодобывающие отходы и хвосты, с основным акцентом на безопасное обращение, надежное хранение и, в возрастающей степени, на извлечение ресурсов (см. Приложение1.F).

Циркулярная экономика горнодобывающей отрасли и управление отходами

Текущие уровни устойчивой переработки отходов являются недостаточными

Официальные данные об управлении опасными отходами в Центральной Азии остаются ограниченными. Казахстан является единственной страной, предоставляющей официальную и относительно актуальную статистику по обращению с опасными отходами. Эти данные показывают, что доля переработанных, сожженных и захороненных опасных отходов в Казахстане значительно сократилась - с 20% в 2018 году до 7,3% в 2022 году; однако это сокращение, вероятно, связано со статистическим разрывом, поскольку в Экологическом кодексе Казахстана, принятом в 2021 году, было введено более строгое определение опасных отходов, что привело к снижению отчетных объемов опасных отходов. Доступные данные ЕЭК ООН по Кыргызской Республике свидетельствуют о значительном росте доли переработанных, сожженных и захороненных опасных отходов (с 3,22% в 2010 году до 40,22% в 2017 году); однако отсутствие более актуальных официальных правительственных данных по данному вопросу не позволяет сделать однозначные выводы. Узбекистан не предоставляет официальных данных по обращению с опасными отходами, и данные из других источников не были обнаружены. И Казахстан, и Кыргызская Республика остаются ниже уровня Австралии: несмотря на то что доля переработанных, сожженных и захороненных опасных отходов в Австралии снизилась (с 86,51% в 2016-17 годах до 72,36% в 2022-23 годах), она по-прежнему значительно превышает показатели Казахстана и Кыргызской Республики (см. Рисунок 3.3).

Рисунок 3.3. Доля переработанных, сожженных и захороненных опасных отходов в общем объеме образованных опасных отходов

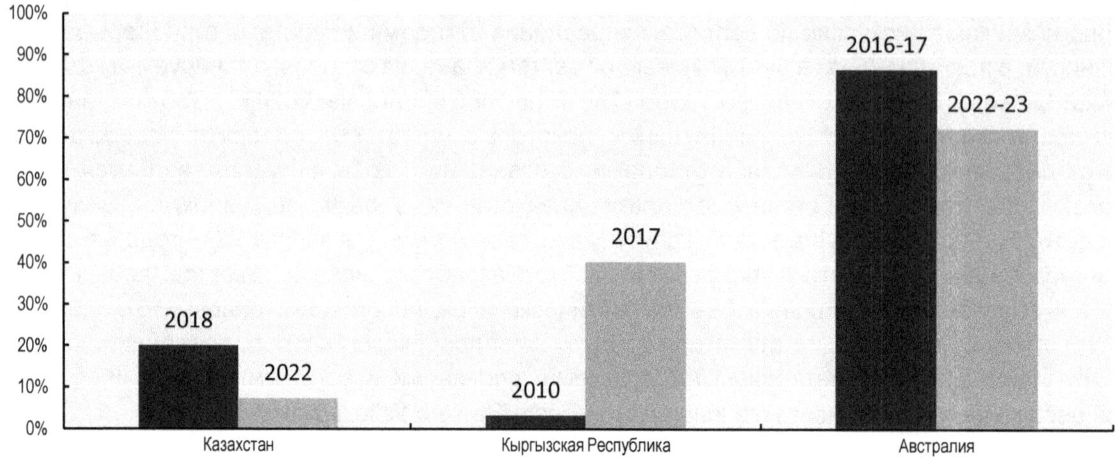

Source: (KazStat, 2023[57]) (UNECE, 2024[13]) (Blue Environment, 2025[66])

Действующие государственные стратегии направлены на формирование более циркулярного подхода к управлению отходами

В Казахстане отходы горнодобывающей деятельности, включая отходы, связанные с добычей урана, могут размещаться только на санкционированных участках недр, при этом захоронение необработанных или смешанных опасных и неопасных отходов не допускается. Операторы обязаны рассматривать отходы добычи минералов как потенциальный вторичный ресурс и осуществлять восстановление земель, нарушенных в результате добычи. Национальные программные документы устанавливают ряд целевых показателей, связанных с отходами горнодобывающей деятельности, включая увеличение уровня переработки промышленных отходов до 50% к 2030 году (по сравнению с 40% в 2022 году), введение усиленных обязательств по переработке и мониторингу для крупных промышленных объектов к 2030 году, а также переработку 11 месторождений горнодобывающих отходов и руд в период с 2024 по 2028 годы.

В Кыргызской Республике хвостохранилища и отвалы горных пород должны соответствовать строгим требованиям по безопасному хранению опасных и радиоактивных материалов, регулярному мониторингу и рекультивации земель, затронутых добычей, финансируемой за счет специальных фондов рекультивации. Национальные стратегии предусматривают ряд целей, связанных с отходами горнодобывающей деятельности, включая приведение в безопасное состояние 16 урановых хвостохранилищ и отвалов «наследия» к 2030 году, а также проведение полной инвентаризации и оценки рисков существующих хвостохранилищ и отвалов для обеспечения более безопасной переработки и закрытия в период с 2023 по 2035 годы. Дополнительные меры включают сокращение накопленных промышленных отходов за счет расширения мощностей по переработке и ограничения захоронения пригодных для переработки материалов, реализуемые через пятилетние интегрированные планы в рамках Концепции экологической безопасности 2023 года. Вторичная переработка хвостов допускается только по решению правительства, что обеспечивает строго контролируемое повторное использование опасных горнодобывающих отходов. Новая Стратегическая программа развития критически важных минералов предусматривает ускорение извлечения полезных компонентов из горнодобывающих отходов.

В Узбекистане размещение горнодобывающих и промышленных отходов не допускается при наличии технологий извлечения или использования, а операторы обязаны включать меры по переработке отходов и извлечению ресурсов в планы закрытия рудников. Любой проект, связанный с размещением, переработкой или использованием отходов, подлежит экологической экспертизе до утверждения. Документы стратегического планирования дополняют эти требования целевым показателем по рекультивации 6075 гектаров земель, деградированных в результате добычи полезных ископаемых, к 2030 году, что укрепляет как вторичное использование горнодобывающих отходов, так и восстановление территорий, затронутых добычей.

Отсутствие количественных целевых показателей пока не позволяет обеспечить упорядочивание целей циркулярной экономики в горнодобывающем секторе

Большинство стратегий по-прежнему предусматривают лишь общие цели в области управления отходами и рекультивации без установления комплексных, отраслевых количественных показателей по горнодобывающим отходам. Это не позволяет странам Центральной Азии использовать их значительный потенциал по переработке горнодобывающих отходов «наследия». Хотя Казахстан устанавливает четкий целевой показатель по увеличению переработки отходов, государственные стратегии Кыргызской Республики содержат лишь ограниченное количество целей, связанных с горнодобывающими отходами. Законодательство и государственные целевые показатели Казахстана в области отходов и хвостов в большей степени ориентированы на стимулирование переработки, вторичной переработки и повторного использования промышленных и горнодобывающих отходов, тогда как Кыргызская Республика вводит более жесткое регулирование вторичной переработки, уделяя больше внимания мониторингу и сокращению отходов. Действующее законодательство Узбекистана поощряет переработку, утилизацию и использование горнодобывающих отходов и устанавливает целевой показатель по рекультивации земель в национальной стратегии, однако отсутствие дополнительных специфических целей по горнодобывающим отходам в государственных программах свидетельствует о том, что данное направление пока не является приоритетом горнодобывающей политики страны, хотя можно отметить отдельные недавние инвестиции в переработку хвостов с вольфрамовых месторождений.

Только законодательство Казахстана прямо предусматривает возможность повторной добычи, что позволило бы восстанавливать объекты горнодобывающего «наследия» для разработки КВМ, ранее считавшихся отходами (например, сурьмы и мышьяка, которые часто являются побочными продуктами добычи золота). Однако Казахстан отстает от соседей в области рекультивации хвостохранилищ и отвалов: если в Кыргызской Республике рекультивация является обязательной, а в Узбекистане установлен количественный целевой показатель по рекультивации, то национальные стратегии Казахстана пока не содержат сопоставимых обязательств.

В качестве дальнейших шагов правительства могли бы рассмотреть работу по следующим пяти направлениям:

- **Интеграция количественных целевых показателей** по сокращению объемов непереработанных горнодобывающих отходов и хвостов в государственные стратегии и программы.
- **Разработка национальных критериев, согласно которым определенные виды горнодобывающих отходов могли бы считаться побочными продуктами**, что позволило бы их повторное использование (OECD, 2025[67]).

- **Улучшение благоприятных условий для вторичной добычи** путем обеспечения ясности в кодексе о недрах в отношении преференциальных ставок роялти и вопросов экологической ответственности.
- **Поощрение иностранных инвестиций в объекты горнодобывающего «наследия»** для внедрения новых технологий повторного использования отходов (см. Вставка 3.3).
- **Запуск проектов государственно-частного партнерства (ГЧП) на приоритетных объектах горнодобывающего «наследия»** с целью демонстрации безопасной переработки горнодобывающих отходов и их преобразования в пригодные к использованию материалы.

Вставка 3.3. Central Asia Metals PLC на медном руднике «Конырат» в Казахстане

Медный рудник «Конырат», расположенный недалеко от города Балхаш в Казахстане, функционировал с 1936 по 2005 год, после чего был закрыт, оставив значительные отвалы отходов, содержащие извлекаемую медь. В 2007 году принадлежащая Великобритании публичная компания Central Asia Metals PLC приобрела долю в данном объекте.

К 2012 году на объекте был построен завод по технологии экстракции растворителем – электролитического извлечения (SX-EW). Данный процесс позволяет производить медные катоды путем использования подземного выщелачивания для извлечения меди и других металлов из отвала отходов. Затем применяется процесс концентрирования и электролитического извлечения для получения медных катодов. Помимо обеспечения эффективного повторного использования отходов, этот процесс значительно менее затратен по сравнению с традиционной добычей, поскольку не включает бурение, взрывные работы или транспортировку руды.

В 2016 году мощности объекта были дополнительно расширены для продолжения извлечения дополнительных объемов меди.

Источник: (Central Asia Metals, 2025[68])

Правительства также могли бы рассмотреть возможность внедрения мер, учитывающих специфику каждой страны:

- Казахстан мог бы включить цели и количественные показатели по рекультивации отвалов горнодобывающих отходов и хвостохранилищ.
- Кыргызская Республика могла бы смягчить действующие ограничения на вторичную переработку хвостов, что позволило бы расширить возможности повторной добычи побочных продуктов золотодобычи.
- Узбекистан мог бы ввести стимулы в рамках «зеленых государственных закупок», предоставляющие приоритет предложениям, использующим сертифицированные вторичные материалы, извлеченные из хвостов, дополнив их целевой финансовой поддержкой компаний, разрабатывающих технологии, необходимые для их поставки.

Ссылки

Adilet (2025), *Water Code of the Republic of Kazakhstan*, https://adilet.zan.kz/eng/docs/K2500000178 (accessed on 21 November 2025). [78]

Adilet (2024), *Об утверждении Концепции развития системы управления водными ресурсами Республики Казахстан на 2024 – 2030 годы*, https://adilet.zan.kz/rus/docs/P2400000066 (accessed on 23 October 2025). [79]

Adilet (2024), *Об утверждении Национального плана развития Республики Казахстан до 2029 года и признании утратившими силу некоторых указов Президента Республики Казахстан*, https://adilet.zan.kz/rus/docs/U2400000611 (accessed on 23 October 2025). [23]

Adilet (2024), *Об утверждении Плана мероприятий по реализации Концепции по переходу Республики Казахстан к "зеленой экономике" на 2024 – 2030 годы и признании утратившими силу некоторых решений Правительства Республики Казахстан*, https://adilet.zan.kz/rus/docs/P2400001019 (accessed on 23 October 2025). [70]

Adilet (2023), *Об утверждении Комплексного плана развития отрасли редких и редкоземельных металлов на 2024 – 2028 годы*, https://adilet.zan.kz/rus/docs/P2300001221 (accessed on 23 October 2025). [26]

Adilet (2023), *Об утверждении Комплексного плана развития отрасли редких и редкоземельных металлов на 2024 – 2028 годы*, https://adilet.zan.kz/rus/docs/P2300001221 (accessed on 26 November 2025). [84]

Adilet (2021), *On approval of the Rules for development of waste management program*, https://adilet.zan.kz/eng/docs/V2100023917 (accessed on 25 November 2025). [85]

Adilet (2021), *Экологический Кодекс Республики Казахстан*, https://adilet.zan.kz/rus/docs/K2100000400 (accessed on 23 October 2025). [31]

Adilet (2017), *О недрах и недропользовании: Кодекс Республики Казахстан от 27 декабря 2017 года № 125-VI ЗРК.*, https://adilet.zan.kz/rus/docs/K1700000125 (accessed on 23 October 2025). [77]

Adilet (2012), *On approval of Technical Regulation "Safety requirements for coal and industrial processes of their mining, processing, storage and transportation"*, https://adilet.zan.kz/eng/docs/P100000731_. [83]

Agmk.uz (2025), *На АГМК внедряется финский опыт очистки сточных вод*, https://agmk.uz/ru/news/okmkda-oqova-suvlarni-tozalash-boyicha-fin-tajribasi-qollanilmoqda- (accessed on 18 February 2026). [56]

Atakhanova, Z., Meirambayeva, M., & Baigaliyeva, M. (2024), *Mine Water Use in Kazakhstan: Data Issues, Risks, and Regulations. Sustainability*, https://doi.org/10.3390/su16062456 (accessed on 1 December 2025). [49]

Blue Environment (2025), *National waste and resource recovery report 2024*, https://www.dcceew.gov.au/sites/default/files/documents/national-waste-and-resource-recovery-report-2024.pdf. [66]

Business and Human Rights Centre (2022), *Environmentalists opposing gold mine owned by Altynalmas face prison*, https://www.business-humanrights.org/en/latest-news/kazakhstan-environmentalists-face-prison-over-opposition-to-gold-mine/ (accessed on 16 February 2026). [64]

Canadian Mining Journal (2025), *Decarbonizing mining: Can Chile Succeed?*, https://www.canadianminingjournal.com/featured-article/decarbonizing-mining-can-chile-succeed/ (accessed on 12 January 2026). [30]

Central Asia Metals (2025), *Kounrad, Kazakhstan*, https://www.centralasiametals.com/operations/kounrad/ (accessed on 26 November 2025). [68]

East Asia Forum (2025), *Striking gold or courting disaster in Uzbekistan's mining boom*, https://eastasiaforum.org/2025/03/21/striking-gold-or-courting-disaster-in-uzbekistans-mining-boom/ (accessed on 31 July 2025). [2]

Ecogosfond.kz (2026), *Homepage*, https://ecogosfond.kz/ (accessed on 16 February 2026). [37]

EDGAR Database (2025), *GHG emission of all world countries*, https://edgar.jrc.ec.europa.eu/report_2024 (accessed on 30 October 2025). [19]

Egamberdiyev (2025), *STUDY OF MINE WATER AND SOIL OF THE ALMALYK MINING AND METALLURGICAL PLANT: COMPOSITION, RISKS AND METHODS OF WATER AND SOIL PURIFICATION∗*, https://www.procedia-esem.eu/pdf/issues/2025/no1/30_Egamberdiyev_25.pdf (accessed on 2 December 2025). [55]

Egemberdieva (2025), "Environmental and Health Impacts of Technogenic and Microbiological Pollution in the Mailuu-Suu River Basin, Kyrgyzstan: A Comprehensive Assessment for Sustainable Water Management", *Eurasian Journal of Scientific and Multidisciplinary Research*, Vol. 1/1, https://ejsmr.org/article/view/17. [59]

Eurasianet (2024), *Kyrgyzstan: Environmentalists raise alarm about resumption of uranium mining*, https://eurasianet.org/kyrgyzstan-environmentalists-raise-alarm-about-resumption-of-uranium-mining (accessed on 22 July 2025). [1]

FAO (2022), *AQUASTAT - FAO's Global Information System on Water and Agriculture*, https://www.fao.org/aquastat/en/ (accessed on 13 January 2026). [44]

France 24 (2025), *Kazakhstan says part of Aral Sea has nearly doubled in volume*, https://www.france24.com/en/live-news/20250113-kazakhstan-says-part-of-aral-sea-has-nearly-doubled-in-volume (accessed on 13 January 2026). [40]

France24 (2024), *'Disappeared completely': melting glaciers worry Central Asia*, https://www.france24.com/en/live-news/20240916-disappeared-completely-melting-glaciers-worry-central-asia (accessed on 13 October 2025). [8]

Global Voices (2024), *The pros and cons of Chinese investment in Tajikistan's gold mining sector*, https://globalvoices.org/2024/07/24/the-pros-and-cons-of-chinese-investment-in-tajikistans-gold-mining-sector/ (accessed on 29 July 2025). [3]

Government of Kazakhstan (2021), *Environmental Code of the Republic of Kazakhstan [Экологический кодекс Республики Казахстан]*, https://adilet.zan.kz/rus/docs/K2100000400. [35]

Government of the Kyrgyz Republic (2025), *Национальная программа развития Кыргызской Республики до 2030 года*, https://www.gov.kg/files/news/froala/d0d92a4f1e52345a4e0bb0570f58b41290374e75.pdf. [72]

Government of the Kyrgyz Republic (2023), *КОНЦЕПЦИЯ ЭКОЛОГИЧЕСКОЙ БЕЗОПАСНОСТИ КЫРГЫЗСКОЙ РЕСПУБЛИК*, https://aarhus.kg/wp-content/uploads/2024/03/Kontseptsiya-ekologicheskoj-bezopasnosti-Kyrgyzstana.pdf (accessed on 26 November 2025). [88]

Government of the Kyrgyz Republic (2023), *Об отходах производства и потребления*, https://faolex.fao.org/docs/pdf/kyr219450.pdf (accessed on 26 November 2025). [86]

Government of the Kyrgyz Republic (2022), *Концепция развития геологической и горнодобывающей отрасли Кыргызской Республики на 2023-2035 годы*, https://mnr.gov.kg/storage/npa/files/32/%D0%9F%D1%80%D0%BE%D0%B5%D0%BA%D1%82_%D0%9A%D0%BE%D0%BD%D1%86%D0%B5%D0%BF%D1%86%D0%B8%D0%B8_5.12.2022_1-64885ce83c3cc.pdf. [73]

Government of the Kyrgyz Republic (2022), *Сборник нормативных правовых актов в области охраны окружающей среды*, https://aarhus.kg/wp-content/uploads/2023/09/Sbornik-NPA-Tom-1.pdf. [33]

Government of the Republic of Kazakhstan (2012), *Address by the President of the Republic of Kazakhstan, Leader of the Nation, N.Nazarbayev "Strategy Kazakhstan-2050": new political course of the established state"*, https://www.akorda.kz/en/addresses/addresses_of_president/address-by-the-president-of-the-republic-of-kazakhstan-leader-of-the-nation-nnazarbayev-strategy-kazakhstan-2050-new-political-course-of-the-established-state (accessed on 19 November 2025). [69]

Government of the Republic of Uzbekistan (2024), *National State of the Environment Report*, https://www.iisd.org/system/files/2024-02/uzbekistan-state-of-the-environment-en.pdf. [91]

IEA (2025), *World Energy Outlook 2025*, https://www.iea.org/regions/eurasia (accessed on 19 November 2025). [15]

IGF (2024), *Decarbonization of the Mining Sector: Case studies on the role of mining in nationally determined contributions in Chile, Indonesia, and South Africa*, https://www.iisd.org/system/files/2024-10/igf-decarbonization-mining-sector-case-study.pdf (accessed on 12 January 2026). [29]

IGF (2024), *Decarbonization of the mining sector: Scoping study on the role of mining in nationally determined contributions*, https://www.iisd.org/system/files/2024-08/igf-decarbonization-mining-sector.pdf (accessed on 12 January 2026). [28]

IIETA (2023), *Environmental Impact Assessment of Rice Growing in the Kyzylorda Region*, https://www.iieta.org/journals/ijdne/paper/10.18280/ijdne.180410 (accessed on 13 January 2026). [42]

Jouberton (2025), "Snowfall decrease in recent years undermines glacier health and meltwater resources in the Northwestern Pamirs", *Communications Earth & Environment*, https://www.nature.com/articles/s43247-025-02611-8?ref=404media.co. [9]

Karymshakov and Tazhibaev (2017), "Экологическая оценка водотоков юга Кыргызстана", *Современные тенденции развития науки и технологий*, Vol. 3, https://www.cawater-info.net/library/rus/karymshakov-tajibaev.pdf. [58]

Kazenergy (2023), *The National Energy Report Kazenergy 2023*, https://www.kazenergy.com/upload/document/energy-report/NationalReport23_en.pdf. [20]

KazStat (2023), *Environmental protection in the Republic of Kazakhstan: 2018-2022*, https://stat.gov.kz/upload/iblock/561/y1v9gay9ipx4jig7rukmce9sy57stf14/%D0%A1-13-%D0%93-2018-2022%20(%D0%B0%D0%BD%D0%B3%D0%BB).pdf. [57]

Kunarbekova (2024), "The State of the Art of the Mining and Metallurgical Industry in Kazakhstan and Future Perspectives: A Systematic Review", *ES Materials and Manufacturing*, Vol. 25, https://www.espublisher.com/journals/articledetails/1219. [12]

Lex.uz (2025), *Водный Кодекс Республики Узбекистан*, https://lex.uz/en/docs/7658581 (accessed on 31 October 2025). [81]

Lex.uz (2025), *Закон Республики Узбекистан Об Ограничении Выбросов Парниковых Газов*, https://lex.uz/uz/docs/7618153 (accessed on 11 November 2025). [32]

Lex.uz (2024), *Закон Республики Узбекистан О недрах*, https://lex.uz/en/docs/7182163 (accessed on 23 October 2025). [80]

Lex.uz (2023), *Указ Президента Республики Узбекистан О Стратегии "Узбекистан - 2030"*, https://lex.uz/ru/docs/6600404 (accessed on 23 October 2025). [74]

Lex.uz (2022), *О Стратегии развития Нового Узбекистана на 2022-2026 годы*, https://lex.uz/en/pdfs/5841077 (accessed on 10 November 2025). [76]

Lex.uz (2020), *Указ Президента Республики Узбекистан Об Утверждении концепции развития водного хозяйства Республики Узбекистан на 2020-2030 годы*, https://faolex.fao.org/docs/pdf/uzb196632.pdf (accessed on 10 November 2025). [82]

Lex.uz (2019), *Постановление Президента Республики Узбекистан Об Утверждении Стратегии по Переходу Республики Узбекистан на "Зеленую" Экономику на период 2019-2030 годов*, https://lex.uz/docs/4539506 (accessed on 23 October 2025). [75]

lex.uz (2025), *Об экологической экспертизе, оценке воздействия на окружающую среду и стратегической экологической оценке*, https://lex.uz/en/docs/7397289 (accessed on 26 November 2025). [90]

Lez.uz (2002), *ОБ ОТХОДАХ*, https://lex.uz/ru/docs/44872 (accessed on 26 November 2025). [89]

Liu (2020), "Heavy Metals and Related Human Health Risk Assessment for River Waters in the Issyk−Kul Basin, Kyrgyzstan, Central Asia", *International Journal of Environmental Research and Public Health*, Vol. 17/10, https://pmc.ncbi.nlm.nih.gov/articles/PMC7277878/. [60]

Ma (2020), "Hydrochemical composition and potentially toxic elements in the Kyrgyzstan portion of the transboundary Chu-Talas river basin, Central Asia", *Scientific Reports*, Vol. 10, https://www.nature.com/articles/s41598-020-71880-4. [61]

Mining Digital (2024), *IEF on 'Paradox' of Mining's Role in Quest for Clean Energy*, https://miningdigital.com/sustainability/ief-on-paradox-of-minings-role-in-quest-for-clean-energy (accessed on 12 January 2026). [10]

Ngmk.uz (2025), *Водосбережение – приоритетная задача*, https://www.ngmk.uz/ru/press-center/news-and-press-releases/Suvni-tejash-ustuvor-vazifa/ (accessed on 18 February 2026). [63]

NPR (2024), *The story of a village in Kazakhstan that sits on the Aral Sea's shrinking shores*, https://www.npr.org/2024/10/28/nx-s1-5110126/the-story-of-a-village-in-kazakhstan-that-sits-on-the-aral-seas-shrinking-shores (accessed on 13 January 2026). [41]

OECD (2025), *Enhancing Regional Mining Ecosystems in the European Union: Securing the Green Transition and Supply of Critical Raw Materials*, OECD Publishing, https://www.oecd.org/content/dam/oecd/en/publications/reports/2025/06/enhancing-regional-mining-ecosystems-in-the-european-union_f4ea9924/97ba1224-en.pdf. [67]

OECD (2025), *Enhancing the Competitiveness of the Trans-Caspian Transport Corridor in Central Asia*, OECD Publishing. [5]

OECD (2025), *OECD Data Explorer: Green Growth*, https://data-explorer.oecd.org/vis?pg=0&bp=true&snb=57&tm=agri-environmental%20indicators&df[ds]=dsDisseminateFinalDMZ&df[id]=DSD_GG%40DF_GREEN_GROWTH&df[ag]=OECD.ENV.EPI&df[vs]=1.1&hc[Measure]=&dq=CAN%2BCHL%2BKAZ%2BKGZ%2BUZB%2BAUS..CO2_PBPROD..&pd=2017%2 (accessed on 20 November 2025). [17]

OECD (2025), *Responsible Business Conduct for Sustainable Infrastructure in Kazakhstan, Mongolia and Uzbekistan*, OECD Publishing, Paris, https://doi.org/10.1787/2762f803-en. [38]

OECD (2019), *Mining and Green Growth in the EECCA Region*, OECD Publishing, https://www.oecd.org/en/publications/mining-and-green-growth-in-the-eecca-region_1926a45a-en.html. [11]

OECD (2006), *Applying Strategic Environmental Assessment: Good Practices Guidance for Development Co-operation*, OECD Publishing, https://www.oecd.org/content/dam/oecd/en/publications/reports/2006/11/applying-strategic-environmental-assessment_g1gh7333/9789264026582-en.pdf. [34]

OECD (Forthcoming), *Accelerating sustainable infrastructure investments: assessing policies for planning, delivery and financing in Central and Southeast Asia*. [16]

OECD (Forthcoming), *Building Sustainable Infrastructure in Central and South-East Asia: Progress and Remaining Challenges*, OECD Publishing. [36]

Our World in Data (2022), *Primary energy consumption per GDP*, https://ourworldindata.org/grapher/energy-intensity?mapSelect=UZB~KGZ~KAZ (accessed on 31 October 2025). [18]

PrimeMinister.kz (2020), *Government approves concept of Water Resources Management Program for 2020-2030*, https://primeminister.kz/en/news/pravitel-stvo-utverdilo-koncepciu-programmy-upravleniy-vodnymi-resursami-rk-na-2020-2030-gody (accessed on 11 30 2025). [46]

Radelyuk, I.; Klemes, J.J.; Jia, X.; Yelubay, M (2023), *Implementation of Circular Economy in the Water Sector in the Industrial Region of Kazakhstan*, https://www.cetjournal.it/cet/23/103/003.pdf (accessed on 1 December 2025). [48]

The Astana Times (2025), *https://astanatimes.com/2025/01/kazakhstans-water-usage-challenges-path-to-reform/*, https://astanatimes.com/2025/01/kazakhstans-water-usage-challenges-path-to-reform/ (accessed on 28 November 2025). [47]

The government of the Kyrgyz Republic (2022), *Сборник нормативных правовых актов в области охраны окружающей среды*, https://aarhus.kg/wp-content/uploads/2023/09/Sbornik-NPA-Tom-1.pdf (accessed on 26 November 2025). [87]

The Times of Central Asia (2025), *Experts Warn Central Asia Faces Chronic Water Shortage by 2028*, https://timesca.com/experts-warn-central-asia-faces-chronic-water-shortage-by-2028/ (accessed on 13 October 2025). [4]

The Times of Central Asia (2025), *Kyrgyzstan Highlights Water Crisis at FAO's Rome Water Dialogue*, https://timesca.com/kyrgyzstan-highlights-water-crisis-at-faos-rome-water-dialogue/ (accessed on 1 December 2025). [50]

The Times of Central Asia (2024), *Will Kumtor's 'Tails' Benefit or Harm Kyrgyzstan?*, https://timesca.com/will-kumtors-tails-benefit-or-harm-kyrgyzstan/ (accessed on 16 February 2026). [65]

UNCCD (2023), *Over one-fifth of Central Asia's land degraded, new UN data warns*, https://www.unccd.int/news-stories/press-releases/over-one-fifth-central-asias-land-degraded-new-un-data-warns (accessed on 13 October 2025). [7]

UNECE (2025), *Uzbekistan advances water, health and industrial safety with UNECE support*, https://unece.org/media/press/409881 (accessed on 2 December 2025). [53]

UNECE (2024), *Kyrgyzstan Environmental Performance Reviews: Third Review*, https://unece.org/sites/default/files/2024-05/3rd%20EPR%20of%20Kyrgyzstan%20ECE_CEP_195.pdf. [13]

UNECE (2020), *Third Environmental Performance Review: Uzbekistan*, https://unece.org/environment-policy/publications/3rd-environmental-performance-review-uzbekistan. [62]

UNFCCC (2025), *Nationally determined contribution of the republic of Kazakhstan to the global response to climate change until 2035*, https://unfccc.int/sites/default/files/2025-11/NDC_Kazakhstan%203.0%20eng.pdf. [21]

UNFCCC (2025), *Updated Nationally Determined Contribution of the Republic of Uzbekistan*, https://unfccc.int/sites/default/files/2025-11/Uzbekistan%20Third%20NDC.pdf. [24]

UNFCCC (2025), *Определяемый на Национальном Уровне Вклад Кыргызской Республики: ОНУВ 3.0*, https://unfccc.int/sites/default/files/2025-10/NDC3.0_Kyrgyzstan_Russian_30-09-2025.pdf. [25]

UNFCCC (2023), *STRATEGY of the Republic of Kazakhstan on Achieving Carbon Neutrality by 2060*, https://unfccc.int/sites/default/files/resource/Carbon_Neutrlaity_Strategy_Kazakhstan_Eng_Oct2024.pdf. [71]

UNFCCC (2023), *Updated Nationally Determined Contribution of the Republic of Kazakhstan to the global response to climate change*, https://unfccc.int/sites/default/files/NDC/2023-06/12updated%20NDC%20KAZ_Gov%20Decree313_19042023_en_cover%20page.pdf. [22]

Villarino (2025), *Towards Net Zero In Chilean Mining*, https://consejominero.cl/wp-content/uploads/2025/05/Consejo-Minero_The-Electric-Mine-VF.pdf (accessed on 12 January 2025). [27]

Vinokurov (2024), *Drinking Water Supply and Sanitation in Central Asia*, https://papers.ssrn.com/sol3/papers.cfm?abstract_id=4884022 (accessed on 1 December 2025). [43]

World Bank (2025), *Uzbekistan to Modernize Its Irrigation Infrastructure with World Bank Support*, https://www.worldbank.org/en/news/press-release/2025/05/21/uzbekistan-to-modernize-its-irrigation-infrastructure-with-world-bank-support (accessed on 2 December 2025). [54]

World Bank (2024), *Kazakhstan - General Water Security Assessment*, https://documents.worldbank.org/en/publication/documents-reports/documentdetail/099062424121021579 (accessed on 28 November 2025). [45]

World Bank (2024), *Kyrgyz Republic General Water Security Assessment*, https://documents1.worldbank.org/curated/en/099062424121121592/pdf/P17003019b03fe0a19bd810671edf67848.pdf (accessed on 1 December 2025). [51]

World Bank (2024), *Uzbekistan General Water Security Assessment*, https://documents.worldbank.org/en/publication/documents-reports/documentdetail/099062424121035288 (accessed on 2 December 2025). [52]

World Bank (2023), *Embracing Nature's Resilience: Combating Desertification in Central Asia with Nature-Based Solutions*, https://blogs.worldbank.org/en/europeandcentralasia/embracing-natures-resilience-combating-desertification-central-asia-nature (accessed on 13 October 2025). [6]

World Bank (2023), *Net Zero Roadmap to 2050 for Copper and Nickel Mining Value Chains*, https://documents.worldbank.org/en/publication/documents-reports/documentdetail/099422010202312964 (accessed on 19 November 2025). [14]

World Bank (2004), *Did the Desire for Cotton Self-Sufficiency Lead to the Aral Sea Environmental Disaster?: A Case Study on Trade and the Environment.*, https://openknowledge.worldbank.org/entities/publication/df709263-2636-5e9c-b48b-44ac35dc8078 (accessed on 12 January 2026). [39]

Приложение1.C. Стратегические планы, относящиеся к выбросам ПГ

Таблица 1.C.1. Стратегические планы, относящиеся к выбросам ПГ

Стратегия, год принятия, источник	Характер документа, общая цель	Соответствующие положения, цели и целевые показатели
Казахстан		
ОНУВ 3.0 (до 2035 года), 2025, (UNFCCC, 2023[22])	Определяемый на национальном уровне вклад Казахстана в глобальный ответ на изменение климата в рамках Парижских соглашений	• Сократить выбросы ПГ на 17% к 2035 году по сравнению с уровнем выбросов 1990 года (безусловная цель) и довести сокращение до 25% при условии получения международной поддержки для декарбонизации экономики (условная цель) • Снизить энергоемкость ВВП с уровня 2021 года на 20% к 2035 году • Сократить национальный углеродный бюджет для секторов, охваченных Системой торговли выбросами (СТВ), на 3,41% ежегодно до 2030 года
Стратегия Казахстан 2050 (2013 – 2050), 2012 (Government of the Republic of Kazakhstan, 2012[69])	Основная долгосрочная стратегия развития Казахстана	• Переход к низкоуглеродной экономике и производство электроэнергии из альтернативных и возобновляемых источников были отмечены как стратегические цели
Национальный план развития Казахстана до 2029 года (2024) (Adilet, 2024[23])	Основная стратегия среднесрочного развития Казахстана	• Обязательство достичь углеродной нейтральности к 2060 году • Планируется увеличить годовой темп сокращения выбросов ПГ с 2,7% до 5% в период углеродного бюджетирования на 2026–2030 годы • Максимальный объем выбросов ПГ по сравнению с уровнем 1990 года установлен на уровне 86,0% к 2029 году • Планируется снижение потребления энергии и энергоемкости как минимум на 15% к 2029 году
План действий по реализации Концепции перехода Республики Казахстан к «зеленой экономике» на 2024-2030 годы, (2024) (Adilet, 2024[70])	Основной среднесрочный план по зеленому переходу Казахстана	• Цель по снижению энергоемкости на 15% к 2030 году • Конкретные цели для 50 крупнейших загрязняющих предприятий страны, направленные на сокращение выбросов твердых загрязняющих веществ на 10% к 2030 году по сравнению с уровнем 2022 года (см. ниже)

Стратегия достижения углеродной нейтральности к 2060 году (2023-2060), 2023 года, (UNFCCC, 2023[71])	Основная долгосрочная стратегия по сокращению выбросов углерода в Казахстане	• Безусловное сокращение выбросов ПГ на 15% к декабрю 2030 года по сравнению с уровнем 1990 года • Условное сокращение выбросов ПГ на 25% к декабрю 2030 года по сравнению с уровнем 1990 года при условии дополнительных международных инвестиций и финансирования Зеленого климатического фонда • Углеродная нейтральность к 2060 году
Комплексный план развития индустрии редких и редкоземельных металлов на 2024–2028 годы (2023) (Adilet, 2023[26])	Основная стратегия развития КВМ в Казахстане	• Нет конкретных климатических целей
Кыргызская Республика		
ОНУВ 3.0, 2025 (UNFCCC, 2025[25])	Определяемый на национальном уровне вклад Кыргызской Республики в глобальный ответ на изменение климата в рамках Парижских соглашений	• Безусловное сокращение выбросов ПГ на 18% к 2030 году; условное сокращение на 30% с дополнительной международной поддержкой • Дальнейшее безусловное сокращение выбросов ПГ на 16% к 2035 году; условное сокращение на 39% с дополнительной международной поддержкой • Конкретные цели промышленного сектора (см. ниже)
Программа национального развития Кыргызской Республики до 2030 года, (2025) (Government of the Kyrgyz Republic, 2025[72])	Основная программа среднесрочного развития Кыргызской Республики	• Цели ОНУВ 2.0 по сокращению выбросов парниковых газов, не обновлялись после публикации ОНУВ 3.0
Концепция экологической безопасности Кыргызской Республики, 2023 (Government of the Kyrgyz Republic, 2025[72])	Основная среднесрочная экологическая программа Кыргызской Республики	• Нет конкретных целей/задач по сокращению выбросов ПГ в горнодобывающем секторе
Проект концепции развития геологической и горнодобывающей промышленности Кыргызской Республики на 2023-2035 годы (2022) (Government of the Kyrgyz Republic, 2022[73])	Основной проект стратегии для горнодобывающего сектора Кыргызской Республики	• Нет конкретных целей/задач по сокращению выбросов ПГ в горнодобывающем секторе
Программа стратегического развития критически важных минералов Кыргызской Республики до 2030 года (2025)	Основная стратегия по КВМ Кыргызской Республики	• Соответствие экологическим стандартам ИПДО и ICMM • Использование зеленого финансирования • Цель войти в число топ 60-120 стран в Индексе экологической эффективности к 2040 году • Нет конкретных положений, связанных с ПГ
Узбекистан		
ОНУВ 3.0, 2025 (UNFCCC, 2025[24])	Определяемый на национальном уровне вклад Узбекистана в глобальный ответ на изменение климата в рамках Парижских соглашений	• Безусловное сокращение выбросов ПГ на 50% к 2035 году • Цель по достижению нулевого уровня выбросов к 2055 году
Стратегия Узбекистан - 2030 (Lex.uz, 2023[74])	Основная стратегия среднесрочного	• Сокращение выбросов ПГ относительно единицы ВВП на

	развития Узбекистана	30% по сравнению с уровнем 2010 года • Создание системы мониторинга, охватывающей все ПГ, по наименованием MRV (Мониторинг, отчетность и верификация)
Стратегия перехода к «зеленой» экономике 2019–2030 (Lex.uz, 2019[75])	Основная среднесрочная экологическая стратегия Узбекистана	• Нет конкретных целей по выбросам ПГ в горнодобывающей промышленности
Новая стратегия развития Узбекистана на 2022–2026 годы (2022) (Lex.uz, 2022[76])	Текущий пятилетний план развития Узбекистана	• Цель по сокращению выбросов «вредных газов» на 20% к 2026 году • Планируемое повышение энергоэффективности страны на 20% к 2026 году

Источник: Источники указаны рядом с названиями законов/стратегий.

Приложение1.D. Законодательство, относящееся к выбросам ПГ

Таблица 1.D.1. Законодательство, относящееся к выбросам ПГ

Закон, год принятия (год последнего внесения изменений), источник	Характер документа, общая цель	Соответствующие положения
Экологический кодекс Республики Казахстан, 2021 (2025), (Adilet, 2021[31])	Основной закон об окружающей среде Казахстана	• Цель по сокращению выбросов ПГ на 15% к 2030 году по сравнению с уровнем 1990 года • Предприятия, подпадающие под квоты по системе торговли выбросами (СТВ), обязаны разработать план мониторинга выбросов парниковых газов, а результаты инвентаризации выбросов ПГ должны пройти процесс верификации
Закон Кыргызской Республики «О государственном регулировании и политике в области выбросов и поглощения парниковых газов», 2007 (Government of the Kyrgyz Republic, 2022[33])	Основной закон, регулирующий выбросы ПГ в Кыргызской Республике	• Интеграция с национальными, зарубежными и международными системами учета и мониторинга выбросов ПГ • Доступность информации о фактических и прогнозируемых выбросах ПГ • Государственная система мониторинга содержания ПГ в атмосфере и составления базы данных на основе результатов мониторинга
Закон Республики Узбекистан «Об ограничении выбросов парниковых газов», 2025 год, еще не вступил в силу (Lex.uz, 2025[32])	Основной закон, регулирующий выбросы ПГ в Узбекистане	• Нормативная основа мер мониторинга, отчетности и верификации (MRV) по ограничению выбросов ПГ • Предприятия, производящие выбросы ПГ, могут генерировать углеродные единицы для реализации зеленых проектов • Владельцам углеродных единиц разрешено устанавливать цены на выпущенные единицы на основе рыночных механизмов и выводить углеродные единицы из обращения • Эта нормативная основа дополняется установленными государством целевыми показателями по сокращению выбросов ПГ

Источник: Источники указаны рядом с названиями законов/стратегий.

Приложение1.E. Законодательство и стратегические планы, относящиеся к водным ресурсам

Таблица 1.E.1. Законодательство и стратегические планы, относящиеся к водным ресурсам

Закон/стратегия, год принятия (год последнего внесения изменений), источник	Характер документа, общая цель	Соответствующие положения, цели и целевые показатели
Казахстан		
Кодекс Республики Казахстан о недрах и недропользовании, 2017 (2025), (Adilet, 2017[77])	Основной закон, регулирующий недропользование в Казахстане	• Запрет на осуществление любых операций по недропользованию, не связанных с углеводородами, на землях водного фонда и в пределах зон подземных вод, предназначенных для питьевого водоснабжения
Экологический кодекс Республики Казахстан, 2021 (2025), (Adilet, 2021[31])	Основной закон об окружающей среде Казахстана	• При проведении горнодобывающих работ необходимо оценивать и предотвращать потенциальное загрязнение воды, а также обеспечивать минимальную концентрацию цианида в жидких отходах.
Водный кодекс Республики Казахстан, 2025 год (Adilet, 2025[78])	Основной закон, регулирующий использование водных ресурсов в Казахстане	• Требует использования технической воды для промышленных нужд вместо воды питьевого качества • Цифровые реформы, включая спутниковый мониторинг, картирование зон дефицита и новая Национальная информационная система • Разрешение на добычу и использование подземных вод • Экологическое разрешение на сброс очищенных сточных и промышленных вод для объектов категорий I и II • Декларация воздействия на окружающую среду для объектов категории III • Специальное разрешение на сброс случайно извлеченных подземных вод
Национальный план развития Казахстана до 2029 года (2024) (Adilet, 2024[23])	Основная стратегия среднесрочного развития Казахстана	• Цель - сократить потребление воды на душу населения в 1,5 раза до 2029 года • Планируется внедрить механизмы, стимулирующие использование альтернативных источников воды • Внедрение технологий

		водосбережения и циркулярных систем водоснабжения в промышленности • Региональное сотрудничество в управлении трансграничными водными объектами
План действий по реализации Концепции перехода Республики Казахстан к «зеленой экономике» на 2024-2030 года (2024) (Adilet, 2024[70])	Основной среднесрочный план по зеленому переходу Казахстана	• Планируется увеличить долю водохранилищ с хорошим качеством поверхностных вод до 35% и увеличить очистку сточных вод от человеческой деятельности до 45% к 2030 году
Концепция развития системы управления водными ресурсами на 2024–2030 годы (2024) (Adilet, 2024[79])	Основной среднесрочный план управления водными ресурсами в Казахстане	• Цель увеличить повторное использование воды с 17%, как планируется на 2026 год, до 28% к 2030 году • Оценка и мониторинг подземных водных ресурсов и запасов • Увеличение использования сточных вод для вторичных целей в промышленности • Создание ежегодной инвентаризации источников загрязнения водных объектов • Планируемая очистка нескольких рек, страдающих от промышленного загрязнения
Кыргызская Республика		
Закон Кыргызской Республики «О недрах», 2012 (2014), (Government of the Kyrgyz Republic, 2016[20])	Основной закон, регулирующий недропользование в Кыргызской Республике	• Обязательное лицензирование на добычу и использование подземных вод • Бурение скважин глубже 30 метров разрешено в рамках бурения, включая экспертный обзор по безопасности и защите подземных почв
Закон Кыргызской Республики «О воде», 1994 (2019), (Government of the Kyrgyz Republic, 2022[33])	Основной закон, регулирующий использование водных ресурсов в Кыргызской Республике	• Сокращение или запрет водопотребления для промышленных целей в случае превышения установленного лимита водопользования промышленным объектом • Разрешение на сброс сточных вод по согласованию с органами санитарного надзора и охраны рыбных запасов • Сброс сточных вод допускается только в том случае, если он не приводит к превышению установленных норм концентрации загрязняющих веществ в водном объекте и если водопользователь очищает сточные воды до установленных пределов
Программа национального развития Кыргызской Республики до 2030 года (2025) (Government of the Kyrgyz Republic, 2025[72])	Основная программа среднесрочного развития Кыргызской Республики	• Цель - снизить уровень потерь воды на 15% к 2030 году • Планы по разработке цифровых систем учета и мониторинга потребления воды
Концепция экологической безопасности Кыргызской Республики, 2023 (Government of the Kyrgyz Republic, 2023[23])	Основная среднесрочная экологическая	• Разработка стандартов максимально допустимого вредного воздействия на воду

	программа Кыргызской Республики	• Внедрение зон защиты вод
Узбекистан		
Закон Республики Узбекистан «О недрах», 2025 год (Lex.uz, 2024[80])	Основной закон, регулирующий недропользование в Узбекистане	• Использование воды для целей добычи допускается только при наличии достаточного стока для водопользователей в нижнем течении. • Обязательное проведение гидрогеологических исследований в ходе геологических изысканий. • Необходимость получения согласования Министерства водных ресурсов в случае планирования деятельности в пределах водоохранных зон поверхностных водных объектов.
Водный кодекс Республики Узбекистан, 2025 год (Lex.uz, 2025[81])	Основной закон, регулирующий использование водных ресурсов в Узбекистане	• Квоты на водозабор для горнодобывающей деятельности. • Специальное разрешение на водозабор с использованием водоподъемных устройств. • Разрешение на сброс воды. • Сброс не должен приводить к превышению установленных норм концентрации загрязняющих веществ, а сточные воды должны быть очищены до установленных пределов. • Принцип «загрязнитель платит» при осуществлении компенсационных выплат.
Стратегия Узбекистан - 2030 (Lex.uz, 2023[74])	Основная стратегия среднесрочного развития Узбекистана	• Цель — повысить эффективность использования воды на 25% к 2030 году • Региональное сотрудничество в управлении трансграничными водными объектами • Строительство или реконструкция дренажных и очистных сооружений • Обязательная публикация данных об уровне и качестве промышленных сточных вод
Новая стратегия развития Узбекистана на 2022–2026 годы (2022) (Lex.uz, 2022[76])	Текущий пятилетний план развития Узбекистана	• Цель - сэкономить 7 миллионов м3 воды за счет эффективного использования
Концепция развития водного хозяйства Республики Узбекистан на 2020-2030 годы (2020) (Lex.uz, 2020[82])	Основная среднесрочная стратегия управления водными ресурсами Узбекистана	• Расширить общую площадь земель, охваченных водосберегающими технологиями, до 2 миллионов гектаров • Автоматизировать процессы управления водными ресурсами на 100 крупных объектах водного хозяйства • Определять лимиты водозабора на основе прогнозов водных ресурсов.

Источник: Источники указаны рядом с названиями законов/стратегий.

Приложение1.F. Законодательство и стратегические планы, относящиеся к отходам и хвостохранилищам

Таблица 1.F.1. Законодательство и стратегические планы, относящиеся к отходам и хвостохранилищам

Закон/стратегия, год принятия (год последнего внесения изменений), источник	Характер документа, общая цель	Соответствующие положения, цели и целевые показатели
Казахстан		
Кодекс Республики Казахстан о недрах и недропользовании, 2017 (2025) (Adilet, 2017[77])	Основной закон, регулирующий недропользование в Казахстане	• Требует размещения отходов добычи урана исключительно в пределах лицензированных участков недр. • Предусматривает возможность повторной добычи на старых отвалах и хвостохранилищах посредством продления контрактов и безвозмездной передачи находящихся в государственной собственности объектов исторического горнодобывающего наследия для их использования.
Экологический кодекс Республики Казахстан, 2021 год (Adilet, 2021[31])	Основной закон об окружающей среде Казахстана	• Запрещает захоронение без предварительной переработки и смешивание опасных отходов с неопасными. • Требует проведения экологических оценок, установления защитных зон и запрещает захоронение жидких радиоактивных отходов. • Обязывает недропользователей содействовать использованию отходов добычи полезных ископаемых в качестве вторичных ресурсов и осуществлять рекультивацию земель, нарушенных в результате горнодобывающих работ.
Требования к безопасности угля и промышленных процессов добычи, переработки, хранения и транспортировки, 2010 (2012) (Adilet, 2012[83])	Техническое регулирование	• Требует от предприятий добычи и переработки угля обеспечивать безопасное управление отходами и вводит экологические меры на хвостохранилищах для предотвращения пыли и загрязнения.
Национальный план развития Казахстана до 2029 года (2024) (Adilet, 2024[23])	Основная стратегия среднесрочного развития Казахстана	• Способствует циркулярной экономике, повышая эффективность ресурсов и переработку отходов, а также

		повышает ответственность бизнеса за правильное управление отходами.
План действий по реализации Концепции перехода Республики Казахстан к «зеленой экономике» на 2024-2030 годы (2024) (Adilet, 2024[79])	Основной среднесрочный план по зеленому переходу Казахстана	• Цель - увеличить переработку промышленных отходов до 50% к 2030 году (с 40% в 2022 году). • Требование полного соблюдения требований для предприятий категории I по вопросам переработки и мониторинга к 2030 году, обязательной ликвидации незаконных свалок к 2030 году. • Запуск национального кадастра отходов в 2025 году.
Комплексный план развития индустрии редких и редкоземельных металлов на 2024–2028 годы (2023) (Adilet, 2023[84])	Основная стратегия развития КВМ в Казахстане	• Общенациональная инвентаризация мест горнодобывающих отходов к 2025 году. • Цель - выявить и вовлечь к разработке 11 месторождений горных отходов и руды через переработку и извлечение ценных материалов.
Правила разработки программы управления отходами, 2021 (Adilet, 2021[85])	Приказ министерства о создании правил для разработки программ управления отходами предприятия	• Программы по управлению отходами для крупных промышленных предприятий, включающие меры по сокращению образования отходов, увеличению повторного использования и переработки, обоснованию лимитов по утилизации и хранению отходов, а также планированию рекультивации объектов.
Кыргызская Республика		
Закон Кыргызской Республики «О недрах», 2012 (2014), (Government of the Kyrgyz Republic, 2016[20])	Основной закон, регулирующий недропользование в Кыргызской Республике	• Требует безопасное хранение/захоронение вредных и радиоактивных веществ, а также обязательную рекультивацию с выделенным фондом.
Закон Кыргызской Республики «О производстве и потреблении отходов», 2023 (Government of the Kyrgyz Republic, 2023[86])	Основной закон, регулирующий производство и потребление отходов в Кыргызской Республике	• Устанавливает обязательные меры по снижению образования отходов и запрещает производство свалочных отходов, содержащих полезные компоненты, пригодные для переработки.
Закон Кыргызской Республики «О хвостохранилищах и отвалах горных пород», 2001 (2009), (The government of the Kyrgyz Republic, 2022[87])	Основной закон, регулирующий управление отходами и хвостами горной добычи в Кыргызской Республике	• Устанавливает строгий государственный контроль, инвентаризацию, мониторинг и обязательную рекультивацию хвостохранилищ и шахтных свалок, с запретами на импорт радиоактивных или токсичных отходов и запретами на экономическую деятельность в специально отведенных зонах хранения. • Разрешает вторичную переработку хвостов и шахтных свалок только по решению правительства, обеспечивая строго регулируемое повторное

		использование опасных отходов.
Программа национального развития Кыргызской Республики до 2030 года (2025) (Government of the Kyrgyz Republic, 2025[72])	Основная программа среднесрочного развития Кыргызской Республики	• Цель привести в безопасное состояние 16 отвалов и горнодобывающих свалок с урановым «наследием».
Проект концепции развития геологической и горнодобывающей промышленности Кыргызской Республики на 2023-2035 годы, (2022) (Government of the Kyrgyz Republic, 2022[73])	Основной проект стратегии для горнодобывающего сектора Кыргызской Республики	• Полный аудит хвостов и свалок с планами оценки их рисков и изучения вариантов безопасной переработки и рекультивации. • Цель - улучшение закрытия шахт с помощью правил восстановления земель и регулярного экологического мониторинга.
Концепция экологической безопасности Кыргызской Республики, 2023 (Government of the Kyrgyz Republic, 2023[88])	Основная среднесрочная экологическая программа Кыргызской Республики	• Цель - сократить накопленные промышленные отходы и восстановить опасные объекты «наследия», включая радиоактивные и токсичные хвосты и свалки, с непрерывным экологическим и радиационным мониторингом. • Цель - расширить переработку отходов и вторичное использование через запрет на захоронение перерабатываемых отходов и строительство перерабатывающих предприятий.
Программа стратегического развития критически важных минералов Кыргызской Республики до 2030 года (2025)	Основная стратегия по КВМ Кыргызской Республики	• Цель - ускорить извлечение минералов из горнодобывающих отходов
Узбекистан		
Закон Республики Узбекистан «О недрах», 2025 год (Lex.uz, 2024[80])	Основной закон, регулирующий недропользование в Узбекистане	• Требует, чтобы планы ликвидации включали конкретные меры по переработке и использованию горных отходов, делая их обязательной частью закрытия шахт.
Закон Республики Узбекистан «Об отходах», 2002 год (Lez.uz, 2002[89])	Основной закон об обращении с остаточными материалами в Узбекистане	• Запрещает захоронение промышленных и горнодобывающих отходов при наличии технологий их использования, требуя от предприятий хранить, извлекать и перерабатывать отходы с ресурсной ценностью, а не утилизировать их.
Закон Республики Узбекистан «Об экологической экспертизе, оценке воздействия на окружающую среду (ОВОС) и стратегической экологической оценке (СЭО), 2025 (lex.uz, 2025[90])	Основной закон об экологической экспертизе в Узбекистане	• Требует, чтобы все проекты, связанные с размещением, переработкой или использованием отходов, проходили обязательную экологическую экспертизу.
Стратегия Узбекистан - 2030 (Lex.uz, 2023[74])	Основная стратегия среднесрочного развития Узбекистана	• Цель - восстановить 6075 га земли, деградированной в результате добычи минералов.

Источник: Источники указаны рядом с названиями законов/стратегий.

4 Риски размывания налоговой базы и перемещения прибыли из-под налогообложения (BEPS) в секторе КВМ

Сектор критически важных минералов (КВМ) обладает значительным потенциалом доходов для правительств стран Центральной Азии; однако реализация этих выгод находится под угрозой из-за практик размывания налоговой базы и перемещения прибыли из-под налогообложения (*Base Erosion and Profit Shifting* - BEPS).

Секретариат ОЭСР провел обзор налоговых систем Казахстана, Кыргызской Республики и Узбекистана в части их применения к сектору КВМ с целью выявления законодательных пробелов, приводящих к рискам BEPS. Данный обзор высокого уровня показывает, что основные риски в секторе КВМ связаны с занижением цен при продаже минерального сырья, использованием финансирования от взаимосвязанных сторон для перемещения прибыли, а также передачей лицензий на горнодобывающую деятельность без надлежащей компенсации.

В данной главе представлены рекомендации по приведению налоговых нормативных рамок этих трех стран в соответствие с международными стандартами для снижения указанных рисков BEPS и обеспечения получения надлежащих государственных доходов от развития секторов КВМ.

Риски размывания налоговой базы и перемещения прибыли из-под налогообложения в секторе КВМ

Сектор критически важных сырьевых материалов (КВМ) предоставляет значительные возможности для получения доходов правительствами, однако эти потенциальные выгоды находятся под угрозой вследствие практик размывания налоговой базы и перемещения прибыли **(BEPS)**. BEPS относится к стратегиям налогового планирования, которые многонациональные предприятия (МНП) используют для эксплуатации пробелов в налоговых правилах с целью искусственного переноса прибыли в юрисдикции с низким или нулевым налогообложением для минимизации или уклонения от уплаты налогов (OECD, 2025[1]).

В глобальном масштабе такие практики, по оценкам, ежегодно обходятся странам в сумму от 100 до 240 млрд долл. США в виде утраченных доходов (OECD, 2025[1]). Хотя комплексная оценка для Центральной Азии отсутствует, данные по другим ресурсозависимым регионам демонстрируют масштаб риска. В странах Африки к югу от Сахары практики BEPS в горнодобывающем секторе, по оценкам, ежегодно приводят к потерям бюджетов в размере от 470 до 730 млн долл. США (IMF, 2021[2]). Практики BEPS несоразмерно затрагивают развивающиеся экономики, богатые природными ресурсами, из-за их высокой зависимости от налога на прибыль организаций, особенно от МНП, а также относительно менее развитых правовых рамок и административных возможностей (OECD, 2025[1]).

В рамках данного проекта ОЭСР провела обзор ключевых положений налогового законодательства Казахстана, Кыргызской Республики и Узбекистана в части их применения к сектору КВМ с целью выявления законодательных пробелов, создающих риски BEPS. Хотя для более точного картирования и количественной оценки полного масштаба рисков BEPS в секторе КВМ каждой страны требуется дальнейшая работа, отчетливо выделяются три основных риска. Они связаны с законодательными пробелами, допускающими злоупотребляющие практики BEPS, включая:

1. занижение цен при продаже минерального сырья;
2. использование злоупотребляющих структур финансирования для проектов в секторе КВМ; и
3. структурирование сделок по продаже лицензий на горную добычу таким образом, чтобы избежать налогообложения, чаще всего посредством офшорных косвенных передач.

В главе далее определяются способы усиления национальных налоговых рамок для решения этих проблем, а также рассматривается, каким образом согласование с международными стандартами налоговой политики и лучшими практиками может способствовать снижению выявленных рисков BEPS. Глава основана на более чем десятилетней работе в рамках проекта ОЭСР/G20 по BEPS, который предоставляет правительствам правила и инструменты для противодействия уклонению от налогообложения, обеспечивая налогообложение прибыли там, где осуществляется экономическая деятельность, создающая эту прибыль, и где формируется добавленная стоимость.

В заключение кратко рассматриваются дополнительные риски и вызовы, возникающие в связи с расширением применения налоговых стимулов в секторе КВМ, а также типичные недостатки разработки политики по ним и администрирования. Комплексная оценка этих новых тенденций, однако, выходит за рамки данной главы и представляет собой направление для дальнейшего анализа.

Занижение цен на КВМ

Занижение цен является распространенным риском, наблюдаемым во многих богатых ресурсами странах, обладающих критически важными минералами, включая Австралию, Канаду и Монголию[1]. Вместо продажи минералов напрямую независимым покупателям по рыночным ценам компании могут продавать их связанным с ними сторонам, расположенным в юрисдикциях с низким или нулевым налогообложением, по ценам ниже рыночных, после чего такие стороны перепродают минералы по рыночной стоимости. Такая практика приводит к переносу части прибыли за пределы страны-производителя, тем самым уменьшая налогооблагаемую базу в юрисдикции, где осуществляется добыча или переработка минерала. Занижение цен может затрагивать широкий спектр критически важных минералов. В частности, некоторые налогоплательщики могут стремиться воспользоваться информационной асимметрией, особенно в отношении тех критически важных минералов, для которых еще не сформированы прозрачные рыночные механизмы ценообразования (такие как котируемые или индексные цены). Отсутствие ценовых ориентиров может затруднять определение надлежащей рыночной цены по принципу «вытянутой руки».

Специфические проблемы были выявлены в регионе, где налогоплательщики используют посредников, которые формально не входят в состав группы МНП, однако действуют согласованно с налогоплательщиком для достижения целей уклонения от налогообложения. Такие структуры могут функционировать как посредники или агенты либо использоваться в схемах разделенных платежей, при которых минерал первоначально продается по цене ниже рыночной, а разница выплачивается структурам, расположенным в юрисдикциях с низким или нулевым налогообложением. Эти схемы направлены на обход применения правил трансфертного ценообразования и особенно трудны для выявления из-за непрозрачности и существующих ограничений в эффективном обмене информацией в Центральной Азии.

Занижая цены на продажу минералов, компании уменьшают налогооблагаемую прибыль в стране-производителе, что приводит к снижению обязательств по налогу на прибыль организаций (*Corporate Income Tax* - CIT) и, в случаях, когда специальные роялти в горнодобывающем секторе взимаются с объема продаж, приводит к снижению выплат роялти. Такая практика также может уменьшать обязательства по налогам на горную ренту, основанным на прибыли. Кроме того, занижение цен может приводить к снижению налога у источника на дивиденды, поскольку более низкая прибыль, полученная на местном уровне, приводит к меньшим дивидендным выплатам, облагаемым налогом у источника.

Гипотетический пример в Таблице 1 иллюстрирует потенциальные потери доходов для страны (при допущении ставки налога на прибыль организаций в размере 25%, ставки роялти 5% и ставки налога у источника на дивиденды 5%[2]) за один год и 50 поставок критически важного минерала. Он также демонстрирует влияние незадекларированной стоимости других ценных минералов, таких как золото, которые часто присутствуют в экспорте минеральных концентратов, а не в экспорте конечной продукции (Таблица 4.1).

Таблица 4.1. Влияние занижения цен на критически важные минералы на бюджетные доходы

Поставка критически важных минералов	Цена по принципу «вытянутой руки» (млн долл. США)	Минерал оценен на 10% ниже цены по принципу «вытянутой руки» (млн долл. США)	Минерал оценен на 10% ниже цены по принципу «вытянутой руки», при этом золото не задекларировано (млн долл. США).

Валовая стоимость груза (20000 мегатонн) [A]	39.50	35.55	32.70
Производственные затраты [B]	22.50	22.50	22.50
5% роялти к уплате [5% x A = C]	1.98	1.78	1.64
Налогооблагаемая база по налогу на прибыль организаций [A – B -C = D]	15.03	11.27	8.57
25% налога компании к уплате [25% x D = E]	3.76	2.82	2.14
Общий налоговый доход с одной поставки от CIT и роялти [C + E]	5.73	4.60	3.78
Потеря дохода на одну поставку		1.14	1.96
Потеря доходов - 50 поставок в год		56.78	97.75
5% налог у источника (WHT) на дивиденды (5% x [D-E])	0.56	0.42	0.32
Потеря WHT - одна поставка в год		0.14	0.24
Потеря WHT - 50 поставок в год		7.04	12.11
Общие потери дохода – 50 поставок в год		**63.82**	**109.86**

Источник: анализ ОЭСР.

Искаженное ценообразование по другим операциям вдоль цепочки создания стоимости минерального сырья

Помимо занижения цен на экспорт минералов, компании могут искажать ценообразование по другим операциям вдоль цепочки создания стоимости минерального сырья, таким как фрахт, офшорные услуги и закупки. Такие практики часто происходят одновременно с занижением экспортных цен и имеют аналогичное фискальное воздействие, поскольку уменьшают налоговую базу по налогу на прибыль организаций, базу налога у источника на дивиденды и, потенциально, налоги на горную ренту, если они основаны на прибыли.

Международная лучшая практика для противодействия занижению цен на критически важные минералы заключается в наличии надежного законодательства по трансфертному ценообразованию и хорошо подготовленной налоговой администрации, способной применять это законодательство для выявления и проверки рисков занижения цен. Руководство ОЭСР по трансфертному ценообразованию (*OECD Transfer Pricing Guidelines* – OECD TPG) (OECD, 2022[3]) содержит согласованные на международном уровне принципы, на которых основывается законодательство в области трансфертного ценообразования. OECD TPG требует, чтобы все операции между связанными между собой сторонами осуществлялись по цене, соответствующей принципу «вытянутой руки», то есть по цене, которая в сопоставимых обстоятельствах была бы согласована между независимыми сторонами. Это направлено на предотвращение манипулирования ценами по операциям между взаимосвязанными сторонами с целью получения выгодных налоговых результатов.

В отношении КВМ это означает, что компания, продающая минералы взаимосвязанной стороне, должна получать цену по принципу «вытянутой руки», которая затем используется для расчета роялти за добычу и обязательств организаций по налогам в юрисдикции, где действует данная компания. Возникают вопросы относительно применения данного принципа к долгосрочным договорам купли-продажи между взаимосвязанными сторонами, в частности в части того, должна ли цена быть фиксированной или привязанной к индексу. В конечном счете применяются те же соображения, то есть условия ценообразования по таким долгосрочным контрактам должны отражать то, о чем договорились бы независимые стороны в сопоставимых экономических условиях.[3] Это требует сопоставления не только самой цены или механизма ценообразования, предусмотренного конкретным договором, но и того, насколько этот механизм и более широкие договорные условия соответствуют практике между независимыми сторонами в сопоставимых обстоятельствах.

Определение цены по принципу «вытянутой руки» для критически важных минералов является сложной задачей, учитывая, что для каждого минерала характерны уникальные цепочки поставок и динамика спроса. OECD TPG содержит рекомендации по ценообразованию товарных операций, особенно в пунктах 2.18-2.22. В нем в первую очередь рекомендуется применение метода сопоставимой рыночной цены (СРЦ) для определения цены по принципу «вытянутой руки» в отношении товарных операций. В соответствии с методом СРЦ цена по принципу «вытянутой руки» для минерала, по существу, представляет собой соответствующую котируемую цену[4], при этом могут потребоваться корректировки с учетом определенных условий сделки, например, специфических характеристик реализуемого минерала, сроков и условий поставки и других факторов. При возможности определять сопоставимые неконтролируемые операции, метод СРЦ является наиболее прямым и надежным способом применения принципа «вытянутой руки». Следует предпринимать все усилия для корректировки данных таким образом, чтобы они могли быть надежно использованы. Любой альтернативный метод, рассматриваемый вместо метода СРЦ в отношении минерального сырья, должен стремиться к воспроизведению рыночных факторов, таких как спрос и предложение, и надлежащим образом учитывать стоимость реализуемого товара.

Проблемы возникают в случаях, когда соответствующий минерал не обращается на устоявшихся и прозрачных рынках, и, следовательно, отсутствует надежная котируемая цена или сопоставимые рыночные сделки, по принципу «вытянутой руки». Это также может иметь место, когда минерал реализуется в промежуточной форме, поскольку для таких стадий процесса обработки часто отсутствует котируемая цена. Эти обстоятельства не должны препятствовать применению метода СРЦ в той мере, в какой могут быть внесены соответствующие корректировки для определения цены.[5] по принципу «вытянутой руки». Если корректировки невозможны, OECD TPG предусматривает применение других методов. Дополнительные рекомендации содержатся в инструментарии «Решение проблем доступа к сопоставимым данным для анализа трансфертного ценообразования», опубликованном Платформой для сотрудничества в области налогообложения (ПСОН), который включает дополнительный отчет *«Устранение информационных пробелов в отношении цен на минералы, реализуемые в промежуточной форме»* (The Platform for Collaboration on Tax, 2017[4]).

В целях предоставления практических рекомендаций с учетом отраслевой специфики, ОЭСР в сотрудничестве с Межправительственным форумом по горнодобывающей промышленности, минералам, металлам и устойчивому развитию (IGF) опубликовала серию инструкций для помощи налоговым администрациям в ценообразовании минералов для целей трансфертного ценообразования – включая общий рамочный документ и специализированные руководства по литию, бокситам, а также разрабатываемое руководство по меди (OECD; IISD, 2023[5]); (OECD, IISD, 2024[6]); (OECD, IISD, 2023[7]); (OECD, IISD, 2025[8]).

Злоупотребляющие структурирование и ценообразование финансирования горнодобывающих операций

В настоящем отчете злоупотребляющее финансирование означает схемы финансирования между взаимосвязанными сторонами, структурированные таким образом, чтобы достигать результатов BEPS. Такие схемы, как правило, направлены на искусственное увеличение вычетов, связанных с долговыми обязательствами (в форме процентов или эквивалентных платежей), например, посредством квалификации фактического финансирования в форме собственного капитала как долга, чрезмерного наращивания уровня задолженности или договорного установления завышенной процентной ставки. Некоторые схемы также могут опираться на эффекты гибридного несоответствия.

Потребности в финансировании в горнодобывающей отрасли, как правило, очень высоки, особенно на стадиях разведки и разработки, когда требуются значительные капитальные вложения, но рудник или проект еще не генерирует доход. Помимо внутренних источников финансирования, компании финансируют свою деятельность за счет долга или собственного капитала. Как правило, компании могут заявлять налоговый вычет по процентам, уплаченным по долговым обязательствам, однако аналогичной возможности для вычета выплат, связанных с собственным капиталом, не существует. Когда средства доступны в рамках группы МНП и вопрос заключается в юридическом структурировании финансирования, по соображениям налоговой оптимизации компании часто выбирают долговое финансирование, чтобы воспользоваться налоговым вычетом по начисленным процентам и другими потенциальными вычетами, например, по курсовым разницам, возникающим в связи с задолженностью.

Если такое финансирование предоставляется связанной стороной, могут возникнуть две основные проблемы. Во-первых, финансирование, предоставляемое акционерами в форме собственного капитала для конкретного проекта, может быть структурировано как внутрикорпоративный заем с целью получения налоговых вычетов. Во-вторых, такой заем от связанной стороны может предусматривать процентную ставку, не соответствующую принципу «вытянутой руки», либо иные условия для максимизации налоговых вычетов. Таким образом, проблема может заключаться как в чрезмерной процентной ставке, так и в чрезмерном объеме задолженности, что приводит к избыточным процентным вычетам в стране заемщика, при этом прибыль переносится (посредством уплаты процентов) в страну, где находится кредитор. Дополнительные сложные вопросы возникают при определении надлежащих условий, таких как процентная ставка, для конкретного соглашения финансирования между связанными сторонами. Это включает вопрос о том, следует ли при определении процентной ставки учитывать только профиль риска должника/заемщика как самостоятельной организации или также учитывать его принадлежность к группе МНП. Глава X OECD TPG содержит рекомендации по данному вопросу и признает значимость членства в группе МНП при определении кредитного рейтинга должника аналогично тому, как это осуществлялось бы между независимыми сторонами в сопоставимых обстоятельствах.[6]

Данный риск может быть особенно выражен на стадии разведки, когда высокий уровень риска проекта затрудняет привлечение долгового финансирования от третьих сторон. Значительное число разведочных проектов не приводит к обнаружению коммерчески целесообразных месторождений. Независимые инвесторы, как правило, готовы инвестировать средства в столь рискованные проекты только при условии возможности участия в значительном потенциале роста стоимости в случае успешной разведки. По этой причине разведочные компании (включая так называемые «юниорные» компании) в основном полагаются на финансирование за счет собственного капитала. Однако в контексте связанных сторон и в рамках многонациональных групп инвестиции на этих ранних и высокорисковых стадиях часто структурируются как долговое финансирование между связанными сторонами под высокие процентные ставки с целью использования налоговых преимуществ, связанных с долговым финансированием. Это приводит к потенциально высоким налоговым вычетам на ранних стадиях, способствующим размыванию налоговой базы еще до перехода проекта к стадии разработки. В силу ограниченных возможностей лишь немногие налоговые администрации уделяют внимание данному риску BEPS на раннем этапе горнодобывающего проекта. В сочетании со сроками исковой давности и длительным периодом переноса убытков на будущее, как показали результаты программ «Налоговые инспекторы без границ»[7] (*Tax Inspectors Without Borders* - TIWB) в Монголии и Казахстане, данная практика широко распространена в Центральной Азии (OECD, 2025[9]; OECD, 2022[10]).

Чрезмерные процентные платежи широко распространены в операциях МНП в целом и были рассмотрены в отчете по Действию 4 Плана BEPS (OECD, 2015[11]), а **также в совместном документе ОЭСР и IGF «*Ограничение влияния чрезмерных процентных вычетов на доходы от горнодобывающей деятельности*»** (IISD/OECD, 2018[12]). В таких странах, как Австралия и Норвегия, имели место громкие и значительные споры по данному вопросу.[8] Данная проблема также была определена как повсеместная в Центральной Азии, и уже предпринимаются первоначальные меры для оказания помощи странам в решении этой задачи. В Казахстане ОЭСР и TIWB провели обширное обучение по данной тематике с учетом значимости риска для страны,[9] и аналогичное обучение было проведено ОЭСР и IGF в Монголии.[10]

Вставка 4.1. Отчет по Действию 4 Плана BEPS

В 2015 году ОЭСР опубликовала отчет «*Ограничение размывания налоговой базы посредством вычетов по процентам и другим финансовым платежам, Действие 4 – Итоговый отчет 2015 года*». Это был один из 15 отчетов по Действиям BEPS, выпущенных в рамках Проекта ОЭСР/«Группы двадцати» по размыванию налоговой базы и перемещению прибыли из-под налогообложения.

Основное внимание в данном отчете уделялось обеспечению того, чтобы компании не минимизировали налоговые обязательства ненадлежащим образом за счет чрезмерных вычетов, связанных с долговым финансированием. Ключевая рекомендация отчета заключается в том, что ограничения на чистые вычеты по финансированию организации должны быть напрямую связаны с уровнем ее экономической активности, исходя из налогооблагаемой прибыли до вычета чистых процентных расходов, амортизации и износа (EBITDA). Рекомендуемый предел устанавливается посредством правила фиксированного коэффициента, составляющего 10-30% налоговой EBITDA. Таким образом, налоговая база не может быть полностью размыта за счет финансовых схем. Для обеспечения разумных результатов вычеты, превышающие установленный предел, могут переноситься на будущие периоды и учитываться в рамках установленного фиксированного коэффициента.

Если страна намерена внедрить данную рекомендацию, ей необходимо принять соответствующее национальное законодательство.

Источник: ОЭСР

Риски BEPS, связанные с колебаниями валютных курсов

Учитывая долгосрочный характер добывающих проектов, в рамках которых финансовые соглашения могут действовать на протяжении нескольких лет или даже десятилетий, данный риск может приводить к значительному перемещению прибыли из стран-производителей в течение продолжительного периода. Проблема долгового структурирования финансирования усугубляется колебаниями валютных курсов, поскольку большинство долговых инструментов номинированы в иностранной валюте, тогда как валюты большинства стран

Центральной Азии в последние годы постепенно девальвировались. Это означает, что обязательства, отражаемые в балансе заемщика, постепенно увеличиваются в выражении в местной национальной валюте. Курсовые разницы признаются в качестве дополнительных налоговых вычетов в юрисдикции заемщика, способствуя размыванию налоговой базы, при этом, как правило, не представляя собой налогооблагаемый доход в юрисдикции контрагента. Если кредитор и заемщик являются (что часто имеет место) связанными между собой сторонами, это становится простой стратегией BEPS и может также проявляться в форме беспроцентных займов. При значительных колебаниях валютных курсов одни лишь курсовые разницы по таким беспроцентным займам могут размывать налоговую базу и даже приводить к образованию убытков, переносимых на будущие периоды.

Риски классификации долга и собственного капитала

Дополнительные проблемы могут возникать в случаях, когда фактическая инвестиция в форме собственного капитала рассматривается как долг для целей налогообложения, что позволяет заемщику заявлять вычеты по процентам и курсовым разницам. В юрисдикции кредитора тот же инструмент, однако, может рассматриваться как собственный капитал для целей налогообложения. Несогласованная классификация долга и собственного капитала между юрисдикциями может приводить к существенному размыванию налоговой базы. Такое несоответствие в применение налогообложения означает, что проценты и курсовые разницы учитываются как вычитаемые расходы в юрисдикции, где осуществляется горнодобывающая деятельность, тогда как соответствующий доход в другой юрисдикции рассматривается как доход от собственного капитала (дивиденды) и подлежит льготному налогообложению (в большинстве случаев освобождается от налогообложения). Данный результат, с вычетом и с последующим невключением, часто используется в практиках BEPS и описывается как схема гибридного несоответствия. Конкретные рекомендации были сформулированы в рамках Проекта BEPS в отчете по Действию 2 (OECD, 2015[13]), однако ни одна страна Центральной Азии пока не урегулировала данную проблему, и эти рекомендации остаются актуальными для всех трех стран, рассматриваемых в данном исследовании.

Вставка 4.2. Отчет по Действию 2 Плана BEPS

В 2015 году ОЭСР опубликовала отчет *«Нейтрализация последствий схем гибридных несоответствий, Действие 2 – Итоговый отчет 2015 года»*. Это был один из 15 отчетов по Действиям BEPS, выпущенных в рамках Проекта ОЭСР/G20 по размыванию налоговой базы и перемещению прибыли из-под налогообложения.

В данном отчете рассматривались схемы «гибридных несоответствий», которые приводят к результатам двойного избегания налогообложения. Такие схемы основываются на различиях в классификации и налоговом режиме для финансовых инструментов или юридических лиц в соответствии с национальным законодательством двух или более юрисдикций.

Ключевая рекомендация отчета заключается в нейтрализации последствий таких схем посредством набора первичных и вторичных правил, согласующих налоговые результаты и предотвращающих эффект двойного избегания налогообложения. В контексте финансовых инструментов это может быть достигнуто либо путем отказа в предоставлении налогового вычета, который в противном случае был бы разрешен в юрисдикции заемщика (с учетом налогового режима в юрисдикции кредитора), либо путем включения соответствующего дохода в налогооблагаемую базу (в случаях, когда он в противном случае был бы освобожден от налогообложения, но вычет был предоставлен в юрисдикции заемщика).

Риски, возникающие при передаче лицензий на горнодобывающую деятельность

Офшорная косвенная передача (*offshore indirect transfer* - OIT) лицензии на горную добычу осуществляется посредством продажи акций иностранной холдинговой компании, владеющей акциями местной компании, которая, в свою очередь, владеет лицензией на добычу. Хотя для таких косвенных передач могут существовать и коммерческие причины, это создает риск BEPS, требующий внимательного рассмотрения.

Офшорная косвенная передача (OIT) лицензий на добычу может позволить инвесторам избежать местного налогообложения значительных приростов капитала, полученных от продажи внутренних ресурсных активов. Лицензии на горнодобывающую деятельность предоставляют их держателю право на разведку или добычу минералов в определенном месте. В этой связи лицензия может приобретать чрезвычайно высокую стоимость, определяемую значимостью и экономикой соответствующего минерального месторождения, мировыми ценами и дефицитностью конкретного минерала. Инвесторы в данном секторе могут продавать ценные лицензии на добычу напрямую или передавать их косвенно путем продажи акций компаний, владеющих такими лицензиями. Как правило, доход или прирост от прямой продажи лицензии на добычу подлежит налогообложению, чаще всего как часть прибыли от предпринимательской деятельности или прироста капитала компании - владельца лицензии. Однако косвенная передача лицензии на добычу, осуществляемая посредством передачи акций, зачастую не облагается налогом либо может подлежать более благоприятному налоговому режиму, например как прирост капитала от продажи акций. Такое различие в налоговом режиме в сочетании с возможностью структурирования подобных сделок в сложной форме с использованием нескольких уровней холдинговых компаний в различных юрисдикциях с низким или нулевым налогообложением является распространенной техникой уклонения от налогообложения. В результате подобных практик страны, богатые минеральными ресурсами, лишаются значительных налоговых поступлений (Вставка 4.3).

Вставка 4.3. Схемы OIT – пример дела Petrotech

Примером схемы OIT является дело Petrotech в Перу. В 2009 году компании Ecopetrol Colombia и Korea National Oil Corp приобрели зарегистрированную в Хьюстоне компанию Offshore International Group Inc., основным активом которой была Petrotech Peruana (владелец лицензии), компания, зарегистрированная и являющаяся резидентом Перу и третьим по величине производителем нефти в стране. Ее купили у компании Petrotech International, зарегистрированной в штате Делавэр, приблизительно за 900 млн долл. США. Поскольку на тот момент налоговое законодательство Перу не содержало специального положения, предусматривающего налогообложение офшорных косвенных продаж, данная сделка осталась необлагаемой налогом в Перу. Потенциальные недополученные налоговые доходы Перу оценивались в 482 млн долл. США.

Источник: (The Platform for Collaboration on Tax, 2020[14])

Для обеспечения нейтральности и добропорядочности налоговой системы странам следует рассмотреть возможность внедрения надежных правил, позволяющих реализовывать налоговые права в отношении передачи столь ценных лицензий на горную добычу. Рекомендуемый подход к такому законодательству изложен в документе «Налогообложение офшорных косвенных передач – Практический инструментарий» (Инструментарий ПСОН), совместной инициативе МВФ, ОЭСР, ООН и Всемирного банка (The Platform for Collaboration on Tax, 2020[14]). В руководстве предлагаются две модели национального законодательства. Странам следует выбрать наиболее подходящий подход с учетом их обстоятельств (Вставка 4.4).

Вставка 4.4. Законодательные варианты для противодействия схемам OIT

Инструментарий по OIT предлагает два законодательных подхода к национальному регулированию, которые могут обеспечить эффективное налогообложение OIT.

Первая модель возлагает налоговое бремя на резидентную организацию-владельца лицензии. При осуществлении OIT предполагается фиктивное отчуждение и повторное приобретение лицензии на добычу. Соответственно, резидентная организация уплачивает налог на прирост капитала, накопленный по лицензии на момент осуществления OIT.

Вторая модель возлагает налоговое бремя на нерезидентного продавца акций и требует механизма обеспечения для гарантирования эффективного взыскания налога, зачастую предусматривая вторичную налоговую ответственность для внутреннего налогоплательщика в случае неисполнения налогового обязательства нерезидентом.

Источник: (The Platform for Collaboration on Tax, 2020[14])

Высокоуровневый анализ законодательных пробелов и рекомендации

Несмотря на постепенные усилия Казахстана, Кыргызской Республики и Узбекистана по совершенствованию и приведению налоговых систем в соответствие с международными стандартами и лучшими практиками, ряд аспектов их налоговых рамок пока не соответствует международным стандартам, что потенциально усиливает риски BEPS в секторе КВМ. Способность страны противодействовать рискам BEPS зависит от ее налогового законодательства, поскольку налоговая администрация может реагировать на риски BEPS только в пределах, допускаемых законом. Если правовая база отклоняется от международных стандартов и лучших практик, отдельные риски BEPS могут усиливаться и даже приобретать характер формально допустимых практик, которые не могут быть оспорены налоговой администрацией. Напротив, многие риски BEPS могут быть снижены при условии тщательной разработки правовой базы в соответствии с международными стандартами и лучшими практиками, поскольку такие практики становятся незаконными, и большинство МНП воздержатся от участия в деятельности, прямо признанной недопустимой.

Обзор фискальных рамок этих стран в сочетании с отзывами, полученными в рамках других программ по наращиванию потенциала, выявил ряд отклонений от международных стандартов, которые затрудняют эффективное противодействие трем основным специфическим рискам BEPS в секторе критически важных минералов: занижению цен на критически важные минералы, злоупотребляющим структурированию и ценообразованию финансирования горнодобывающих проектов, и офшорным косвенным передачам лицензий на добычу.

Общая рекомендация 1: ввести и обеспечить применение надежного законодательства для решения выявленных в настоящем отчете проблем BEPS

Странам, стремящимся эффективно противодействовать выявленным в данном отчете рискам и вызовам BEPS, потребуется принятие законодательных мер для полного приведения национальной правовой базы в соответствие с международными стандартами и лучшими практиками. Без законодательных изменений часть этих рисков BEPS останется нерешенной, и выявленные проблемы продолжат подрывать доходный потенциал сектора КВМ. Как показано в иллюстративном примере в Таблица 4.1, влияние на государственный бюджет может быть значительным. Если данные проблемы не устраняются в течение нескольких лет или десятилетий, потери доходов могут существенно ограничить потенциал развития страны и привести к упущенным возможностям.

После принятия законодательства, приведенного в соответствие с международными стандартами и лучшими практиками, МНП могут выбрать добровольное соблюдение таких законодательных улучшений. Вероятность участия МНП в злоупотребляющих практиках BEPS снижается, если первичное законодательство устанавливает четкие правила, соответствующие международным стандартам. Эффект добровольного соблюдения может быть дополнительно усилен посредством целевых разъяснений, касающихся конкретных проблем BEPS, которые уточняют применение норм первичного законодательства. Тем не менее в мировой практике имеются случаи, когда МНП продолжают использовать практики BEPS, особенно если налоговая администрация не располагает необходимыми административными возможностями или доступом к информации из других юрисдикций. Это подчеркивает важность дополнительных рекомендаций, изложенных ниже.

В целях правовой определенности важно обеспечить, чтобы любые рекомендуемые изменения законодательства применялись только перспективно – в отношении будущих налоговых периодов. Не рекомендуется вводить новые обязательства по соблюдению требований или налоговые обязательства ретроспективно, с обратной силой. Это также означает, что момент введения таких изменений имеет критическое значение. Чем раньше страны предпримут законодательные шаги, тем быстрее они смогут воспользоваться эффектом добровольного соблюдения. Вместе с тем могут возникнуть сложные юридические вопросы относительно того, должны ли инвесторы, пользующиеся специальными положениями о фискальной стабильности в инвестиционных соглашениях, быть освобождены от применения таких законодательных изменений, направленных на устранение существующих слабых мест законодательства, способствующих практикам BEPS.

Преобладающая и широко поддерживаемая позиция по данному вопросу заключается в том, что добросовестные меры по противодействию уклонению от налогообложения либо интерпретация действующего законодательства принимающими государствами в целях защиты налоговой базы от BEPS, соответствующие признанной международным сообществом налоговой практике, не рассматриваются как изменение законодательства, ограниченное положениями о фискальной стабилизации, заключенными между инвесторами и правительствами. Такие положения не должны препятствовать законному применению обновленных и усиленных мер по противодействию уклонению, которые лишь обеспечивают функционирование налоговой системы в соответствии с ее назначением и не являются новыми налогами (OECD, 2020[15]).

Общая рекомендация 2: усилить подотчетность МНП в сфере ответственного налогового поведения

Хотя законодательные реформы могут повысить добропорядочность и справедливость налоговых систем, МНП также несут ответственность за приведение своей налоговой практики в соответствие с принципами, изложенными в *Руководящих принципах ОЭСР для многонациональных предприятий по ответственному ведению бизнеса*. Эти Руководящие принципы - более подробно рассматриваемые в Главе 1 - призывают предприятия вносить вклад в устойчивое развитие и предотвращать или смягчать неблагоприятные последствия для людей, окружающей среды и общества.

Два принципа в рамках Руководящих принципов имеют особое значение для налогообложения: во-первых, МНП должны соблюдать как букву, так и дух закона; во-вторых, они должны интегрировать вопросы налогового управления и соблюдение налоговых требований в свои общие системы управления рисками и корпоративного надзора. Оба принципа напрямую связаны с вопросами и проблемами, описанными в настоящем отчете. В случае соблюдения МНП буквы и духа закона будет меньше компаний, вовлеченных в практики BEPS, основанные на использовании пробелов и лазеек в налоговом законодательстве. Кроме того, рассмотрение вопросов налогового соблюдения на уровне советов директоров и обеспечение надлежащего управления рисками способствует ответственному ведению бизнеса. Хотя ответственность за надлежащее налоговое поведение в конечном счете лежит на МНП, проактивное и прозрачное взаимодействие правительств с бизнес-сообществом крайне важно и, при поддержке эффективного налогового администрирования и контроля, может иметь большое значение. Такое сотрудничество способствует соблюдению указанных принципов и укрепляет взаимное доверие и подотчетность между правительствами и предприятиями.

Общая рекомендация 3: обеспечить прозрачность деятельности МНП и создать поддерживающую среду для проведения целевой оценки рисков и аудита посредством усиленной системы налоговой прозрачности

Налоговая администрация должна иметь доступ к информации, позволяющей выявлять риски BEPS, обнаруживать потенциальное несоблюдение требований и обеспечивать применение соответствующего законодательства. В отчете по Действию 13 Плана BEPS (OECD, 2015[16]) ОЭСР рекомендует странам требовать от МНП представления трех документов по трансфертному ценообразованию: странового отчета (*Country-by-country* - CbC), мастер-файла и локального файла (см.Вставка 4.5). В особенности в случае отчетов CbC существует дополнительная необходимость обмена такой информацией между странами и создания правовых и безопасных систем для обмена конфиденциальной информацией о налогоплательщиках. Это может осуществляться через межправительственные механизмы, такие как многосторонняя

Конвенция ОЭСР о взаимной административной помощи по налоговым делам (МААС),[11] двусторонние налоговые соглашения или соглашения об обмене налоговой информацией.

МААС обеспечивает многосторонний автоматический обмен информацией, включая автоматический обмен отчетами CbC, более чем со 100 юрисдикциями через многосторонние соглашения компетентных органов по обмену отчетами CbC (MCAA). Подписав одно MCAA, юрисдикция получает доступ к сети обмена всех других участвующих юрисдикций без необходимости вести переговоры и заключать двусторонние соглашения с каждым партнером по обмену.

МААС позволяет юрисдикциям запрашивать широкий спектр информации, включая данные CbC, которые могут служить отправной точкой для углубленного анализа операций группы МНП. В то время как Казахстан является участником МААС, а Узбекистан запросил приглашение к присоединению к МААС, Кыргызская Республика могла бы рассмотреть преимущества присоединения к данной Конвенции.

Глобальный форум по прозрачности и обмену информацией для налоговых целей (Глобальный форум) является многосторонней платформой, продвигающей административное сотрудничество в налоговой сфере, и в настоящее время объединяет 172 юрисдикции, участвующие на равных условиях. Глобальный форум предоставляет поддержку и обучение развивающимся странам по эффективному использованию всех форм обмена информацией. В то время как Казахстан и Узбекистан являются членами Глобального форума и имеют доступ к технической помощи по наращиванию потенциала, Кыргызская Республика могла бы рассмотреть преимущества членства.

Вставка 4.5. Документация по трансфертному ценообразованию

Действие 13 Плана BEPS рекомендует, чтобы юрисдикции требовали от МНП подготовки стандартизированной трехуровневой документации по трансфертному ценообразованию: отчета CbC, мастер-файла и локального файла. В совокупности эти документы направлены на повышение налоговой прозрачности и оказание помощи налоговым администрациям в более эффективном выявлении и устранении рисков трансфертного ценообразования.

Трехуровневый подход преследует три основные цели: (i) обеспечить, чтобы МНП надлежащим образом учитывали правила трансфертного ценообразования при установлении цен по операциям между взаимосвязанными компаниями; (ii) предоставить налоговым администрациям информацию, необходимую для проведения целевой оценки рисков; и (iii) поддержать проведение сфокусированных и эффективных проверок при необходимости.

Каждый документ выполняет отдельную функцию:

- **Мастер-файл** предоставляет общую картину группы МНП в целом, включая характер ее глобальной деятельности, общую политику трансфертного ценообразования и глобальное распределение доходов и экономической деятельности. Он помогает налоговым администрациям понять, каким образом создается и распределяется стоимость внутри группы.
- **Локальный файл** сосредоточен на местной организации. Он содержит подробную информацию о конкретных внутригрупповых операциях, осуществляемых в определенной юрисдикции. Информация, требуемая в локальном файле, дополняет мастер-файл и способствует достижению цели обеспечения соблюдения налогоплательщиком принципа «вытянутой руки».
- **Отчет CbC** предусматривает представление агрегированных данных по каждой юрисдикции, в которой действует МНП, с указанием местонахождения прибыли, работников и уплаченных налогов. Отчеты CbC предназначены исключительно для оценки рисков на высоком уровне. Они не заменяют детальный анализ трансфертного ценообразования и не должны использоваться самостоятельно для внесения корректировок по трансфертному ценообразованию.

При эффективном внедрении и поддержке механизмами обмена информацией такая система документации усиливает способность налоговой администрации своевременно выявлять риски BEPS, направлять ресурсы аудита в наиболее приоритетные области и содействовать добровольному соблюдению требований без создания чрезмерной административной нагрузки на соблюдение.

Казахстан стал первой страной в регионе Центральной Азии, внедрившей трехуровневую документацию по трансфертному ценообразованию. Кроме того, он располагает правовой базой, позволяющей осуществлять эффективный обмен информацией с большинством соответствующих юрисдикций мира, подписав и ратифицировав MAAC в 2013 и 2015 годах соответственно. Поскольку Казахстан также внедрил механизмы автоматического обмена информацией, он может участвовать в автоматическом обмене информацией о банковских счетах (в рамках Общего стандарта отчетности), а также в обмене страновыми отчетами. Он также может запрашивать административную помощь в различных формах более чем у 115 юрисдикций по всему миру, включая юрисдикции с низким или нулевым налогообложением, с которыми у Казахстана отсутствуют иные международные договорные инструменты для запроса и получения такой помощи (OECD, 2026[17]).

Общая рекомендация 4: обеспечить высокий уровень квалификации в налоговом администрировании путем создания соответствующих условий профессиональной карьеры, а также проведения политики, способствующей привлечению и удержанию квалифицированных специалистов

Выявление и аудит рисков BEPS, а также применение соответствующего законодательства требуют значительного административного потенциала в налоговом администрировании. Налоговые администрации Казахстана, Кыргызской Республики и Узбекистана находятся на разных этапах развития, при этом их способность решать вопросы международного налогообложения сформировалась сравнительно недавно. Рассматриваемые в данной главе вызовы BEPS носят сложный характер и требуют высококвалифицированного персонала для выявления и проверки таких практик. Необходимые навыки включают углубленные знания в области международного налогообложения и трансфертного ценообразования, глубокое понимание сектора критически важных минералов и корпоративных финансов, а также владение иностранными языками. Поскольку сотрудники налоговых администраций часто взаимодействуют с иностранными инвесторами и МНП, их деятельность также представляет налоговую администрацию во внешней среде. Если администрации не инвестируют в привлечение, развитие и удержание необходимой базы экспертных знаний, налогоплательщики могут воспринимать это как сигнал о том, что соблюдение законодательства не обеспечивается эффективно. Кроме того, при недостаточном уровне знаний или навыков у специалистов налоговой администрации возможно неверное толкование фактов и обстоятельств конкретного дела, что приводит к неправильным налоговым оценкам в соответствии с международными стандартами. Отсутствие таких экспертных знаний может негативно сказаться не только на налоговых поступлениях, но и на инвестиционном климате. Всем трем странам необходимо предпринять дополнительные усилия в данном направлении, обеспечив при этом привлекательность налоговой администрации как работодателя для высококвалифицированных специалистов и профессионалов.

Анализ существующих пробелов на национальном уровне

Казахстан

Ключевая проблема 1: Способность по применению законодательства о трансфертном ценообразовании все еще находится на стадии развития

Казахстан постепенно приводит свое законодательство о трансфертном ценообразовании в соответствие с международными стандартами, особенно после реформ, проведенных в 2024-2025 годах; однако возможность налоговой администрации по эффективному обеспечению исполнения данной относительно новой правовой базы все еще развивается. Законодательство о трансфертном ценообразовании содержит меры, снижающие риск занижения цен на минеральное сырье. Закон предусматривает применение метода СРЦ в качестве метода по умолчанию для операций с критически важными минералами и другими минеральными товарами. Законодательством также предусмотрено внесение соответствующих корректировок[12]для определения надлежащей цены по принципу «вытянутой руки». Для стимулирования добровольного соблюдения, на основании пункта 10 статьи 10 Закона о трансфертном ценообразовании, Казахстан дополнительно разработал вторичную нормативную базу, содержащую методологию ценообразования для отдельных видов товаров.[13] В случае соблюдения налогоплательщиками данной методологии налоговая администрация ограничивает контрольные мероприятия проверкой ее применения в конкретных случаях. Данные разъяснения существенно способствовали повышению налоговой определенности и укреплению добровольного соблюдения. Однако в настоящее время данная методология не охватывает большинство критически важных минералов, и существует потенциал для расширения ее сферы действия путем разработки дополнительной соответствующей инструкции.

Несмотря на наличие прочной правовой базы, Казахстан продолжает сталкиваться с потерями доходов вследствие занижения цен на минеральное сырье, что подтверждается недавними выводами программы TIWB. Некоторые МНП предпочитают не соблюдать требования, полагая, что потенциальные выгоды от уклонения от налогообложения в Казахстане превышают риски и последствия выявления. Это подчеркивает важность продвижения корпоративной ответственности в сфере налогообложения, но еще более критически указывает на необходимость наличия высококвалифицированной и надлежащим образом обеспеченной ресурсами налоговой администрации, оснащенной надежными инструментами оценки рисков для обеспечения соблюдения требований без создания чрезмерных издержек для деловой деятельности.

Одной из ключевых целей Казахстана является поощрение добровольного соблюдения посредством совершенствования процессов оценки рисков, а также привлечение, развитие и удержание высококвалифицированных специалистов в налоговой администрации и конструктивное взаимодействие с налогоплательщиками. На основе предыдущих рекомендаций ОЭСР Комитет государственных доходов достиг значительного прогресса в 2022-2023 годах, завершив первый этап формирования специализированной команды по трансфертному ценообразованию в центральном аппарате в составе девяти экспертов. В состав команды входят специалисты, привлеченные из частного сектора, обладающие ценным практическим опытом и отраслевыми знаниями. Инвестиции в развитие специализированного человеческого капитала уже принесли значительные результаты. В период с 2022 по 2025 год общая сумма доначисленных налогов составила приблизительно 566,4 млн долл. США, из которых около 363,6 млн долл. США были взысканы, а оставшаяся часть находится на стадии административного и судебного обжалования. Усиление проактивной оценки рисков в сочетании с мерами по поощрению добровольного соблюдения также дало значительные результаты: дополнительно около 73,7 млн долл. США были получены в результате добровольных корректировок налогоплательщиков без прямого вмешательства налоговой администрации. Такие стратегии обеспечения соблюдения существенно повышают общий уровень налоговой дисциплины и сокращают количество дел, требующих длительных и сложных судебных разбирательств. Тем не менее необходимы дальнейшие усилия для продолжения укрепления данного пула профессиональных экспертов и, с учетом масштаба и значимости экономики Казахстана, для распространения этих возможностей на региональные уровни налоговой администрации.

Рекомендация: **продолжать и поддерживать инвестиции в развитие потенциала налоговой администрации на центральном и региональном уровнях для эффективного применения законодательства о трансфертном ценообразовании**. Дополнительно совершенствовать инструменты и стратегии оценки и мониторинга рисков для обеспечения раннего выявления отклонений от принципа «вытянутой руки», а также расширять инициативы по добровольному соблюдению и инструктировать налогоплательщиков соблюдать требования.

Ключевая проблема 2: использование офшорных торговых хабов МНП остается широко распространенной практикой

Основная проблема, выявленная в ходе программы TIWB, связана с продолжающимся использованием МНП офшорных торговых хабов. Офшорные торговые хабы представляют собой структуры, расположенные в юрисдикциях с низким или нулевым налогообложением, которые приобретают минералы у добывающих компаний, осуществляющих деятельность в Казахстане, а затем перепродают их третьим сторонам по рыночной цене. В большинстве случаев выявленного несоблюдения такие торговые хабы заявляли значительные маржи прибыли при перепродаже товара, которые не соответствовали фактически выполняемым ими функциям, используемым активам и реально принимаемым рискам. Было установлено, что данные структуры обладают незначительным или отсутствующим функциональным содержанием, а даже заявленные ими функции в действительности передавались на аутсорсинг другим взаимосвязанным сторонам или сторонним поставщикам услуг.

Эффективный обмен информацией с другими юрисдикциями имеет критическое значение для противодействия подобным практикам. В этом направлении Казахстан внедрил ключевые международные стандарты по обмену информацией и, как отмечалось выше, подписал MAAC, что позволяет ему запрашивать информацию у офшорных юрисдикций, с которыми у Казахстана отсутствуют двусторонние налоговые соглашения. Хотя Казахстан продолжает совершенствовать рамки обмена информацией, он уже способен активно использовать соответствующие инструменты, включая возможность получения и обмена отчетами CbC. В сочетании с другими элементами документации по трансфертному ценообразованию в рамках Действия 13 Плана BEPS, а именно мастер-файлом и локальным файлом, а также отчетами мониторинга по трансфертному ценообразованию, Казахстан располагает необходимыми инструментами для использования налоговой прозрачности в целях оценки рисков и проведения эффективных налоговых проверок.

Казахстан также предпринимает усилия по совершенствованию и приведению законодательства о трансфертном ценообразовании в соответствие с международным стандартом, представленным OECD TPG. Законодательство постепенно совершенствуется посредством ежегодных обновлений. ОЭСР оказывала техническую помощь в разработке законодательства и продолжает поддерживать развитие административного потенциала. Казахстан также получил поддержку в рамках программы TIWB. В 2021-2023 годах в результате проверок, проведенных в рамках программы TIWB, было доначислено дополнительно 211 млн долл. США налогов (OECD, 2025[9]).

В целом ОЭСР отмечает значительные улучшения в способности Казахстана применять законодательство о трансфертном ценообразовании. Использование котировочных цен для биржевых товаров является положительной практикой, поскольку соответствует OECD TPG. Однако Казахстану необходимо обеспечить учет соответствующих сопоставимых корректировок при наличии существенных различий между котировочной ценой и проверяемой операцией.

Рекомендация: **разработать инструкции по определению надлежащего вознаграждения таких офшорных торговых хабов**, чтобы обеспечить им оплату только за фактически создаваемую ими стоимость с использованием ими реальных экономических функций, что может также отражаться в операционных расходах, понесенных такими структурами при выполнении этих функций.

Ключевая проблема 3: правила ограничения процентных вычетов не приведены в соответствие с международной лучшей практикой

В статье 263 Налогового кодекса Казахстана предусмотрены правила тонкой капитализации.[14] Организация считается тонко капитализированной, если ее финансирование в значительной степени основано на долговых обязательствах, а не на собственном капитале. Тонкая капитализация может использоваться как стратегия BEPS, поскольку проценты по долговым обязательствам, как правило, подлежат налоговому вычету. В результате компании могут структурировать схемы финансирования таким образом, чтобы искусственно увеличивать уровень задолженности с целью получения более высоких процентных вычетов. Данная практика рассматривается в отчете ОЭСР по Действию 4 Плана BEPS (OECD, 2015[11]) (см. Вставку 4.2), а Глава X Руководства ОЭСР по трансфертному ценообразованию (OECD TPG) также содержит дополнительные разъяснения по решению подобных проблем с точки зрения трансфертного ценообразования.

В случае Казахстана, в общем виде правило тонкой капитализации основано на соотношении долга к капиталу 4:1 для нефинансовых организаций. Это означает, что если уровень задолженности компании превышает четырехкратный размер ее собственного капитала, вычеты по процентам в части задолженности сверх данного лимита ограничиваются.

Использование правила тонкой капитализации, основанного на соотношении долга к капиталу, не в полной мере достигает поставленных целей налоговой политики и подвержено возможностям злоупотребления со стороны МНП. Ключевая слабость таких правил заключается в том, что налогоплательщик может относительно легко манипулировать соотношением долга к капиталу путем дополнительных денежных или имущественных взносов в капитал либо посредством переоценки активов, обеспечивая уровень капитала, позволяющий вычитать все процентные расходы. Оценка собственного капитала компании во многом зависит от стоимости ее активов, что порождает две проблемы налоговой политики. Во-первых, показатели, основанные на активах, такие как соотношение долга к капиталу, не являются основным методом, используемым кредиторами для оценки способности компании привлекать заемные средства – при оценке ее способности обслуживать долг кредиторы в первую очередь анализируют денежные потоки. Следовательно, показатели, основанные на активах, не отражают реальную способность компании к заимствованию. Во-вторых, при отсутствии запрета на переоценку активов в налоговых целях компания может манипулировать их стоимостью, искусственно увеличивая собственный капитал и, соответственно, размер допустимых вычетов.

Кроме того, соотношение долга к капиталу 4:1 представляет собой высокий уровень финансового рычага для нефинансовой организации и устанавливает порог вычетов на уровне, который неэффективно ограничивает чрезмерное долговое финансирование. Как отмечалось выше, правила тонкой капитализации предназначены для приближения допустимого уровня заимствования к коммерчески обоснованному уровню, позволяя вычеты по процентам только в пределах такого уровня.

Рекомендация: **принять международную лучшую практику ограничения процентных вычетов, изложенную в отчете по Действию 4 Плана BEPS, предусматривающую ограничение чистых процентных вычетов на уровне 10-30% EBITDA**[15]. Это устраняет как проблему зависимости коэффициента от величины капитала, так и проблему чрезмерной щедрости установленного порога. Практический эффект таких правил заключается в том, что налогоплательщик никогда не сможет полностью размыть налоговую базу посредством злоупотребляющих схем финансирования. Рекомендации Действия 4 Плана BEPS также предусматривают широкое определение понятия процентов, охватывающее также выплаты, эквивалентные процентам, такие как гарантийные комиссии и курсовые разницы, возникающие в связи с задолженностью. В отношении превышающей суммы процентов налогоплательщикам может быть разрешен перенос избыточных процентных расходов на будущие периоды, если такая сумма дополнительно не ограничивается другими целевыми мерами противодействия уклонению, такими как надлежащим образом разработанное правило тонкой капитализации или применение правил трансфертного ценообразования. Это обеспечивает добросовестным налогоплательщикам сохранение права на вычет законных процентных расходов в будущих налоговых периодах при условии получения достаточной прибыли для использования перенесенных процентов.

Ключевая проблема 4: эффективность действующего законодательства по налогообложению OIT подрывается наличием исключений в законе

В Казахстане существуют нормы, которые могут применяться для налогообложения распоряжения горнодобывающими лицензиями посредством офшорных косвенных передач, однако действующие исключения могут создавать возможности для злоупотреблений. В Казахстане действует строгая норма, сопровождаемая специальным механизмом обеспечения исполнения, соответствующая Модели 2 из инструментария ПСОН. В частности, подпункт 7 пункта 1 статьи 679 предусматривает, что прирост капитала, полученный от продажи долей (акций) нерезидентного субъекта, подлежит налогообложению в Казахстане, если 50% или более стоимости активов прямо или косвенно формируется за счет имущества, находящегося в Казахстане.

Однако пункт 4 статьи 681 устанавливает исключение, согласно которому прибыль не подлежит налогообложению в случае продажи акций посредством открытых торгов на фондовой бирже, функционирующей в Казахстане. Любое подобное исключение из общего правила, несмотря на возможные обоснованные цели государственной политики, может приводить к злоупотреблениям, как это наблюдалось в других случаях, когда намеренные сделки структурируются через биржевые операции.

Рекомендация: **разработать и внедрить процедуры оценки рисков для своевременного выявления косвенных сделок, осуществляемых через любую фондовую биржу Казахстана, и обеспечения соблюдения действующих правил**. Это включает мониторинг крупных операций по передаче лицензий на горнодобывающую деятельность, проводимых через казахстанские фондовые биржи. В случае выявления злоупотреблений данным освобождением или другими специальными режимами (например, сделками, структурированными через Международный финансовый центр «Астана»), налоговая администрация Казахстана может рассмотреть применение недавно введенного Общего правила против уклонения от налогообложения и/или пересмотреть подход к функционированию такого освобождения и специального режима. Также следует уделить внимание обеспечению полного раскрытия условий сделки, если она носит сложный характер и включает различные формы встречного предоставления, такие как денежные средства, обмен акциями, условные платежи или специальные роялти за добычу.

Кыргызская Республика

> *Ключевая проблема 1: в стране в настоящее время отсутствуют специальные правила трансфертного ценообразования.*

Действующие нормы прямо позволяют налогоплательщикам отклонение от рыночных цен до 20% при реализации минералов. Такое отклонение является чрезвычайно значительным и создает предпосылки и возможности для существенного занижения цен на минералы. Кроме того, в Кыргызской Республике не введено специальное законодательство о трансфертном ценообразовании. В статьях 139 и 140 Налогового кодекса Кыргызской Республики содержатся положения, согласно которым операции в целом должны осуществляться по «рыночной цене». Рыночная цена определяется как регулируемая государством цена на товары, работы и услуги, в отношении которых установлено государственное регулирование цен, цена на признанных биржах на металлы и нефтепродукты, цена, указанная в квартальном ценовом бюллетене Национального статистического комитета Кыргызской Республики (при ее наличии), либо цена, определенная с применением определенных методов, сходных с тремя из пяти методов трансфертного ценообразования ОЭСР.

В этих правилах существует множество отклонений по сравнению с международным стандартом и лучшими практиками, изложенными в Руководстве ОЭСР по трансфертному ценообразованию. Наиболее существенно, как отмечалось выше, что в соответствии со статьей 139 налоговая администрация вправе корректировать цену только в случае ее отклонения от «рыночной цены» более чем на 20%. Это означает, что компании законодательно вправе реализовывать критически важные минералы по цене на 20% ниже цены по принципу «вытянутой руки». В отдельных случаях это может привести к полному нивелированию маржи прибыли, оставляя минимальную или нулевую прибыль для налогообложения в Кыргызской Республике.

Такое занижение цен на минералы также повлияет на поступления от роялти в горнодобывающем секторе и на налог у источника при репатриации прибыли (дивидендов), поскольку соответствующая прибыль не признается компаниями в Кыргызской Республике, а отражается иностранными компаниями в юрисдикциях с низким или нулевым налогообложением. Таким образом, фискальные последствия данного законодательно допустимого отклонения следует рассматривать в контексте иллюстративного примера в Таблица 4.1.

Рекомендация: **ввести современное законодательство о трансфертном ценообразовании для приведения режима определения рыночной цены в соответствие с международной лучшей практикой и принципом «вытянутой руки» в отношении операций между взаимосвязанными сторонами**. Кроме того, и прежде всего, отменить возможность для компаний осуществлять искаженное ценообразование в пределах 20%, чтобы налоговая администрация могла применять нормы трансфертного ценообразования к любому случаю искаженного определения цены.

Ключевая проблема 2: использование цены реализации в качестве налоговой базы для отдельных минералов создает риск занижения цен

В Главе 33 Налогового кодекса Кыргызской Республики предусмотрен специальный режим налогообложения прибыли для золота, серебра, меди, сурьмы, ртути, вольфрама и олова. Вместо применения принципа «вытянутой руки» для определения цены минералов в налоговых целях данный режим устанавливает цену критически важных минералов на уровне котировочных цен, если они реализуются в виде руды/концентрата, либо на уровне фактической цены реализации, если они реализуются в переработанном виде (учитывая, что, как отмечалось выше, цена реализации может быть на 20% ниже цены по принципу «вытянутой руки»). Применяемая валовая налоговая ставка к этим ценам варьируется от 1 до 21% в зависимости от котировочной цены минерала.

Неприменение принципа «вытянутой руки» при определении цены минерала в сочетании с законодательно допустимым отклонением в размере 20% создает значительный риск трансфертного ценообразования. Риск в первую очередь возникает в отношении минералов, реализуемых в переработанном виде и облагаемых налогом на основе цены реализации. С другой стороны, использование котировочных цен для минералов в виде руды/концентрата приближает данный подход к методу СРЦ, который, как правило, является предпочтительным методом трансфертного ценообразования для таких минералов. Риск усиливается тем фактом, что данный специальный налог на прибыль организаций является валовым налогом, то есть не предусматривает признания вычетов, в отличие от большинства налогов на прибыль, основанных на прибыли, вследствие чего у компании возникает стимул занижать цену реализации минерала для уменьшения суммы налога к уплате.

Рекомендация: **полное приведение в соответствие с международным стандартом потребовало бы определения цены данных минералов в обеих формах на основе наиболее подходящего из пяти методов трансфертного ценообразования**, при этом метод СРЦ, вероятно, являлся бы наиболее подходящим. Аналогичный подход уже применяется к полезным ископаемым в промежуточной форме – а именно использование котировочных цен для этих минералов при реализации как в виде руды/концентрата, так и в переработанном виде с внесением соответствующих корректировок для обеспечения сопоставимости и определения надлежащей цены по принципу «вытянутой руки».

Ключевая проблема 3: отсутствие документации по трансфертному ценообразованию, ограниченные требования к раскрытию информации и отсутствие инструментов оценки рисков повышают риски трансфертного ценообразования

Наличие информации об операциях компании с взаимосвязанными сторонами имеет решающее значение для налоговых администраций для выявления и эффективной проверки рисков трансфертного ценообразования. В отчете по Действию 13 Плана BEPS (OECD, 2015[16]) рекомендуется, чтобы страны ввели требования к налогоплательщикам по подготовке и представлению трех уровней документации для этих целей – странового отчета, мастер-файла и локального файла. Многие страны уже внедрили такие требования.[16] Кыргызская Республика не требует от подпадающих под соответствующие критерии налогоплательщиков подготовки или представления какого-либо из этих документов. В связи с этим налоговой администрации было бы крайне сложно выявлять и проверять риски трансфертного ценообразования даже при введении соответствующего законодательства.

Рекомендация: **ввести законодательство, предусматривающее подготовку трехуровневой документации по трансфертному ценообразованию** в соответствии с Действием 13 Плана BEPS. Ввести инструмент мониторинга/оценки рисков для обеспечения ранней оценки рисков, например ежегодную отчетность по трансфертному ценообразованию или ее аналог. Также рекомендуется, чтобы Кыргызская Республика подписала и ратифицировала MAAC для обеспечения эффективного обмена информацией с другими налоговыми администрациями. Кроме того, необходимо внедрить механизмы, позволяющие Кыргызской Республике эффективно получать доступ к соответствующей информации, находящейся в распоряжении других налоговых администраций. Как отмечалось выше, многие страны, включая Казахстан, имеют законодательство, позволяющее направлять и получать информацию от других налоговых администраций для выявления и проверки рисков.

Ключевая проблема 4: потенциал налоговой администрации в настоящее время недостаточен для противодействия рискам трансфертного ценообразования и другим рискам BEPS

Поскольку трансфертное ценообразование исторически не являлось приоритетным направлением для правительства, Кыргызская Республика не осуществляла значительных инвестиций в развитие законодательства о трансфертном ценообразовании и административного потенциала в этой сфере. Тем не менее в последнее время был продемонстрирован интерес к данному направлению, и ведется конструктивная работа с Секретариатом ОЭСР, который в настоящее время оказывает техническую помощь для решения указанных задач.

Рекомендация: **продолжать и поддерживать инвестиции в развитие потенциала налоговой администрации в сфере трансфертного ценообразования**, правительству обеспечить наличие эффективной политики по привлечению и удержанию квалифицированных кадров. Развитие надлежащего человеческого капитала в данной сфере является необходимым условием эффективности законодательства. Уровень соблюдения налогоплательщиками налогового законодательства будет напрямую зависеть от административных и принуждающих соблюдение правил усилий, и налоговая администрация будет играть ключевую роль в обеспечении правильного применения международных стандартов в области трансфертного ценообразования и других вызовов BEPS.

Ключевая проблема 5: в настоящее время отсутствуют правила ограничения процентных вычетов, что приводит к чрезмерной зависимости от в значительной степени отсутствующих правил трансфертного ценообразования

Кыргызская Республика не имеет механизмов защиты от злоупотребляющего структурирования финансирования между взаимосвязанными сторонами. В стране отсутствуют какие-либо правила ограничения процентных вычетов, а действующие нормы не допускают применения правил трансфертного ценообразования или концепции рыночной цены к финансовым операциям. Таким образом, Кыргызская Республика полностью подвержена данному риску. Как отмечалось выше, в стране действуют лишь базовые правила трансфертного ценообразования, которые не соответствуют международной лучшей практике, при этом прямой запрет в законодательстве исключает даже применение этих правил к финансовым операциям.

Рекомендация: **внедрить правила ограничения процентных вычетов, соответствующие международной лучшей практике, предусматривающие ограничение чистых процентных вычетов на уровне 10-30% EBITDA** (см. Вставка 4.1). Кроме того, внедрить адекватные и современные правила трансфертного ценообразования для дополнительного снижения данного риска.

Ключевая проблема 6: Правовые положения, касающиеся офшорных косвенных передач, существуют, однако имеют структурный недостаток, подрывающий их эффективность

В Кыргызской Республике в статье 174 Налогового кодекса предусмотрена специальная норма, предусматривающая налогообложение офшорных косвенных передач, однако формула расчета цены продажи может занижать стоимость сделки. В соответствии с данной нормой доходом признается доход, полученный иностранной организацией или иностранным физическим лицом от продажи доли в капитале или иной доли в местной организации. Соответственно, офшорная косвенная передача подлежит налогообложению в Кыргызской Республике. Однако доход определяется как «положительная разница между активами и обязательствами по бухгалтерскому балансу организации, составленному на дату принятия решения о такой продаже, пропорционально реализуемой доле». Такой подход не обязательно отражает фактическую стоимость сделки, которая может значительно превышать балансовую стоимость (обычно отражающую историческую стоимость), поскольку соглашение между покупателем и продавцом не обязательно основывается на бухгалтерской оценке активов за вычетом обязательств. Цель правил налогообложения офшорных косвенных передач заключается в налогообложении прироста капитала, представляющего собой разницу между первоначальными инвестициями и фактической рыночной стоимостью лицензии на добычу, которая может быть значительной в результате успешной разведки и разработки. Действующий подход не позволяет Кыргызской Республике определить и обложить налогом фактический прирост капитала, полученный по таким сделкам.

Рекомендация: **внести изменения в данное положение, реализовав один из двух предложенных подходов, изложенных в инструментарии ПСОН** (см. Вставка 4.4). Любой выбранный подход должен предусматривать определение прироста капитала на основе реальной рыночной стоимости передаваемой лицензии, а не опираться на исторические бухгалтерские показатели. Кроме того, такой подход должен включать эффективные механизмы обеспечения исполнения для своевременного выявления и эффективной проверки подобных сделок.

Узбекистан

Ключевая проблема 1: административные возможности по обеспечению исполнения законодательства о трансфертном ценообразовании остаются низкими

Узбекистан недавно ввел законодательство о трансфертном ценообразовании, в значительной степени заимствованное из российского законодательства в данной сфере. В результате эти нормы лишь частично соответствуют международным стандартам и не содержат ключевых положений и принципов, выработанных в рамках Проекта BEPS 2015 года, несмотря на то что они вступили в силу в 2022 году. В связи с относительно недавним введением законодательства административный потенциал по его применению все еще находится в стадии развития. При этом базовые предпосылки созданы, поскольку действующие нормы позволяют налоговой администрации реагировать на некоторые ключевые риски, связанные с занижением цен на критически важные минералы. В налоговой администрации функционирует небольшая, но специализированная группа экспертов по трансфертному ценообразованию. Как и в Казахстане, правовая база Узбекистана предусматривает первоочередное применение метода СРЦ, если он может быть надежно применен, что обеспечивает определенную ясность в выборе метода. Однако, в отличие от Казахстана, отсутствуют дополнительные разъяснения по применению метода СРЦ к ключевым критически важным минералам, экспортируемым из Узбекистана.

Налоговая администрация сталкивается с административными и техническими трудностями при получении документации от налогоплательщиков вследствие недостатков в структуре налоговой политики и пробелов в ее реализации. В настоящее время документация по трансфертному ценообразованию ограничивается лишь отдельными элементами локального файла и ежегодным уведомлением по трансфертному ценообразованию. Важные элементы локального файла, необходимые для эффективной оценки рисков и проведения налоговых проверок, в настоящее время не требуются. Мастер-файл и страновой отчет также не являются обязательными. Эти пробелы, наряду с ограниченными административными возможностями, препятствуют налоговой администрации в обеспечении соблюдения правил трансфертного ценообразования посредством эффективной оценки рисков, а также создают трудности при инициировании налоговых проверок. Секретариат ОЭСР в настоящее время оказывает техническую помощь для преодоления данных проблем.

Рекомендация 1: **налоговой администрации следует продолжать инвестировать в формирование высококвалифицированной и мотивированной команды специалистов и расширять соответствующие инициативы с акцентом на целевую оценку рисков и проведение проверок по трансфертному ценообразованию**. Это включает разработку эффективных инструментов и процедур оценки рисков для обеспечения раннего выявления рисков и проведения результативных и целенаправленных налоговых проверок. Административные возможности по применению правил трансфертного ценообразования также должны развиваться в межрегиональном подразделении по работе с крупными налогоплательщиками и постепенно в региональных управлениях.

Рекомендация 2: **устранить законодательные пробелы, представляющие собой отклонения от международных стандартов и лучшей практики, и обеспечить внедрение лучшей практики документации по трансфертному ценообразованию, рекомендованной в отчете по Действию 13 Плана BEPS (см. Вставку 1.5),** а именно обязательность мастер-файла, локального файла и страновых отчетов.

Ключевая проблема 2: сохранить специальный налог на горную ренту и обеспечить его эффективность, а также равные условия для инвесторов

В Узбекистане действует «специальный налог на рентный доход», применяемый к добыче минералов и закрепленный в Главе 64.1 Налогового кодекса. За последние три года в него были внесены различные изменения, что привело к формированию неравных условий, при которых некоторые проекты и инвестиции уже подпадают под действие данного налога, тогда как другие инвесторы пользуются индивидуальными освобождениями. Такие неравные условия негативно влияют на инвестиционный климат и могут спровоцировать дальнейшие требования об освобождениях и изменениях, способных сделать данный налог неэффективным. В настоящее время рассматриваются дополнительные законодательные изменения, которые в сочетании со специальными льготами могут повлиять на способность Узбекистана эффективно мобилизовать доходы от данного налога. Налог применяется к «рентному доходу», определяемому как «цена, применяемая сторонами сделки», за вычетом определенных расходов, по ставке 25%.

Рекомендация: **не поддаваться давлению, требующему отмены данного налога**. Обеспечить его тщательную настройку посредством экономического моделирования и рассмотреть возможность введения ограничения на вычет исторических расходов, которые также пользуются щедрой надбавкой. Такие исторические затраты могли быть подвержены злоупотребляющим практикам BEPS вследствие ранее отсутствовавших правил трансфертного ценообразования и сохраняющихся ограниченных возможностей налоговой администрации.

Ключевая проблема 3: Правила ограничения процентных вычетов не соответствуют международным стандартам

В статье 310 Налогового кодекса Узбекистана предусмотрены правила тонкой капитализации. В общем виде правило основано на соотношении долга к капиталу 3:1 для нефинансовых организаций. При этом расчет данного соотношения учитывает только задолженность перед взаимосвязанными сторонами и игнорирует задолженность перед несвязанными сторонами. Это является существенным недостатком конструкции нормы, поскольку неизбежно приведет к чрезмерным процентным вычетам: налогоплательщик может привлечь максимально возможный коммерческий объем долга от несвязанных сторон, а дополнительное финансирование структурировать как заем от взаимосвязанных сторон в пределах установленного законом соотношения долга к капиталу. Это может привести к экономически необоснованно высокому уровню заемного финансирования и, как следствие, к полному размыванию налоговой базы. Как отмечалось выше в отношении Казахстана, правило тонкой капитализации, основанное на соотношении долга к капиталу, подвержено злоупотреблениям со стороны многонациональных компаний. Кроме того, коэффициент 3:1 является относительно высоким и даже при учете как взаимосвязанного, так и несвязанного финансирования приведет к чрезмерному уровню долговой нагрузки.

Следует отметить, что в статье 299 Налогового кодекса Узбекистана предусмотрено специальное правило, фактически требующее признания дохода в случае получения налогоплательщиком определенных выгод – например, при получении товаров или услуг бесплатно либо по цене ниже рыночной. Это правило распространяется и на некоторые финансовые операции, такие как внешние беспроцентные займы и отдельные внутренние займы. В соответствии с данным положением, если процентная ставка по займу равна нулю или ниже официальной ставки, установленной Центральным банком Узбекистана, считается, что заемщик получает выгоду в размере процентов, которые он должен был бы уплатить, и эта сумма признается налогооблагаемым доходом компании-заемщика. Воздействие данного правила требует дополнительного анализа с точки зрения эффективности защиты налоговой базы и предотвращения возможных побочных эффектов.

Рекомендация: принять международную лучшую практику ограничения процентных вычетов, изложенную в Действии 4 Плана BEPS, предусматривающую ограничение чистых процентных вычетов на уровне 10-30% EBITDA (см. Вставка 4.1). Если Узбекистан намерен сохранить целевое правило тонкой капитализации, его следует тщательно пересмотреть для обеспечения эффективности и обоснованности, включив задолженность перед третьими сторонами в расчет соотношения долга к капиталу и пересмотрев допустимое соотношение для обеспечения его адекватности.

Ключевая проблема 4: Отсутствие эффективных норм для налогообложения офшорных косвенных передач

В Узбекистане отсутствуют правила, позволяющие эффективно облагать налогом продажу горнодобывающей лицензии, осуществленную посредством офшорной косвенной передачи. В статье 356 Налогового кодекса Узбекистана содержатся положения о признании дохода нерезидента, полученного в Узбекистане от продажи долей (акций) юридического лица-резидента Узбекистана. Недостаток данной нормы заключается в том, что она применяется только к прямой продаже узбекской компании и не распространяется на косвенные продажи, осуществляемые через продажу долей иностранной холдинговой компании, владеющей долями в узбекской компании. Таким образом, данное положение не позволяет охватить схемы OIT, и налог на прирост капитала может быть избегнут МНП.

Рекомендация: **внести изменения в данную норму** таким образом, чтобы она позволяла Узбекистану облагать налогом продажу горнодобывающей лицензии, осуществленную посредством OIT, либо ввести новое положение, предусматривающее налогообложение OIT в соответствии с наиболее подходящей моделью из инструментария ПСОН (см. Вставка 4.4).

Возможности и риски в контексте привлечения инвестиций в сектор критически важных сырьевых материалов

Хотя анализ налоговых стимулов в этих странах выходит за рамки настоящей главы, авторы отмечают, что Центральная Азия сталкивается с налоговыми вызовами, связанными с «гонкой ко дну», которые могут усугубиться в результате усилий по привлечению инвестиций в сектор КВМ. «Гонка ко дну» означает снижение странами ставок налога на прибыль или иных налогов с целью конкуренции за мобильные инвестиции, что приводит к размыванию налоговой базы и снижению способности правительств финансировать общественные блага, зачастую без создания чистого прироста инвестиций.

Налоговые стимулы могут быть эффективным инструментом стимулирования инвестиций, однако сопряжены с рисками и издержками. В частности, налоговые стимулы могут создавать фискальные потери, а при их ненадлежащем проектировании предоставлять значительные налоговые преимущества для инвестиций или деятельности, которые осуществляются или осуществлялись бы и без таких льгот (чистый непредвиденный выигрыш). Это создает риск утраты налоговых доходов без привлечения дополнительных инвестиций.[17] Они также могут побуждать компании сосредотачиваться на налоговом планировании (для максимизации фискальных преимуществ), а не на новых инвестициях. Налоговые стимулы могут усугублять риски BEPS при отсутствии достаточных мер по обеспечению добропорядочности системы. Кроме того, вредоносные налоговые стимулы особенно распространены в горнодобывающем секторе и существенно подрывают государственные доходы от горнодобывающих проектов (IMF, 2021[2]). Примером может служить ситуация, когда проекты по добыче критически важных минералов облагаются по сниженной ставке налога на прибыль организации либо когда часть деятельности (например, переработка и рафинирование) полностью освобождается от налога на прибыль. Если одна часть деятельности компании облагается по сниженной ставке, компания получает стимул перераспределять доходы из одной части бизнеса в другую для использования более низкой налоговой ставки.

Ставки налога на прибыль в Центральной Азии уже относительно низкие: в Кыргызской Республике - 10%, в Узбекистане - 15%, в Казахстане - 20%, что ниже среднего показателя 21,2% по странам Инклюзивной рамочной программы ОЭСР/G20[18] в 2025 году (OECD, 2025[18]). Кроме того, в регионе наблюдаются сравнительно низкие показатели отношения налоговых поступлений к ВВП.[19] В 2023 году в Казахстане этот показатель составлял 19,5%, в Узбекистане - 11,5%, а в Кыргызской Республике несколько более высокий уровень 21,9% несмотря на низкую ставку налога на прибыль.[20]. Все эти показатели ниже среднего уровня по ОЭСР - 34,1% в 2024 году (OECD, 2025[19]).

Несмотря на в целом низкие налоговые ставки, налоговые стимулы в Центральной Азии, по-видимому, достаточно распространены, например, через специальные экономические зоны (которые снижают налоговые ставки для деятельности в определенных географических зонах) либо полностью освобождают бизнес от налогообложения, иногда даже без требования подачи отчетности. База данных ОЭСР по инвестиционным налоговым льготам (ITID) (OECD, 2025[20]) показывает, что 62% из 70 развивающихся и формирующихся экономик, включенных в ITID, предоставляют те или иные налоговые стимулы для добывающих отраслей. Стимулы, основанные на доходах (например, налоговые освобождения или сниженные ставки), встречаются в добывающем секторе реже, чем в других секторах, но остаются распространенными. Такие льготы часто характеризуются низкой «отдачей на вложенный доллар» (то есть незначительным дополнительным объемом инвестиций на каждый потраченный доллар) и создают возможности для перераспределения прибыли даже внутри страны главным образом потому, что они не привязывают налоговую выгоду напрямую к инвестициям. Хотя эти статистические данные не относятся исключительно к Центральной Азии, они иллюстрируют как значимость инвестиционных налоговых стимулов в соответствующих секторах, так и разнообразие их конструкций, указывая на необходимость дальнейшей работы над ними.

Возрастающее в последнее время значение стран Центральной Азии в глобальных цепочках поставок критически важных минералов может также привести к усилению давления со стороны инвесторов с целью получения новых налоговых стимулов для инвестиций в данный сектор. Любые такие налоговые стимулы должны тщательно оцениваться с точки зрения потенциальных выгод, а также возможных выпадающих доходов бюджета, связанных с их предоставлением. Риски, связанные с налоговыми стимулами, касаются не только прямых налоговых расходов, но и дополнительных рисков перераспределения прибыли, которые могут возникать вследствие введения таких стимулов и налоговых льгот. Это связано с тем, что прибыль может перераспределяться между двумя компаниями в одной и той же стране с целью максимизации выгоды от льгот и освобождений, и подобные вопросы могут возникать и в рамках одного юридического лица, если разные виды деятельности подпадают под различные налоговые ставки и режимы.

Помимо реформирования налоговых стимулов, одной из мер по обеспечению добропорядочности системы, позволяющей снизить риски потерь доходов, создаваемые налоговыми стимулами, является обособление горнодобывающих проектов или операций компании для целей налогообложения,[21] с целью ограничения возможностей искусственного перераспределения доходов и расходов между проектами, как это описано в совместной публикации ОЭСР и Межправительственного форума по горнодобывающей промышленности, минералам, металлам и устойчивому развитию (IGF) «*Обособление доходов от горнодобывающей деятельности: инструментарий для налоговых администраций и разработчиков политики*» (OECD; IISD, 2025[21]). Хотя обособление не является универсальным средством против всех практик BEPS, оно может сдерживать инвесторов от структурирования схем размывания налоговой базы, искусственного завышения расходов на разведку или разработку, а также злоупотребления отдельными налоговыми льготами. Вместе с тем, как подчеркивается в докладе ОЭСР-IGF, проектирование механизма обособления не является простым вопросом: потенциальные недостатки включают замедление или отсрочку налоговых выгод, возникающих в результате консолидации, что может сдерживать инвестиции в горнодобывающую отрасль, особенно в разработку предельных по рентабельности месторождений, а также увеличение административной нагрузки на налоговые органы и рост издержек налогового соблюдения для налогоплательщиков. Тем не менее данный инструмент заслуживает тщательного рассмотрения правительствами стран с развитым горнодобывающим сектором.

В целом общие рекомендации заключаются в том, что налоговые стимулы должны использоваться только тогда, когда ожидаемые выгоды превышают их издержки, и они должны быть обоснованы и согласованы с национальными приоритетами. Их оформление должно ограничивать ненужные издержки и искажения, а их воздействие должно регулярно и тщательно оцениваться и при необходимости приводить к реформам (IMF-OECD-WB-UN, 2025[22]; OECD, forthcoming 2026[23]). Налоговые стимулы должны разрабатываться таким образом, чтобы обеспечивать дополнительность и избегать непредвиденной выгоды (то есть не субсидировать деятельность, которая осуществлялась бы и без льгот).

Если будет признано целесообразным введение специальных налоговых стимулов для инвесторов, такие стимулы должны быть ориентированы на расходы (а не на доходы) и на формы поддержки, способствующие созданию новых, самоподдерживающихся видов деятельности. Например, если рассматриваются прямые налоговые стимулы, они должны быть связаны с процессом формирования капитала (например, ускоренная амортизация, инвестиционные налоговые кредиты). Такие стимулы, основанные на расходах, могут напрямую снижать стоимость капитала для новых инвестиционных проектов, а также их, как правило, легче поэтапно отменить, чем стимулы, основанные на доходах, поскольку их значимость уменьшается по мере развития проекта. Напротив, стимулы, основанные на доходах, такие как налоговые каникулы по налогу на прибыль или освобождения и пониженные ставки, несут риск ограниченного дополнительного притока инвестиций, могут приносить непредвиденные выгоды прибыльным проектам и часто стимулируют налоговое планирование и трансфертное ценообразование с целью переноса деятельности из неосвобожденных компаний в освобожденные. Помимо этого, стимулы, основанные на доходах, могут быть мало полезны для компаний, реализующих капиталоемкие и рискованные новые проекты, которые на ранних стадиях развития могут не генерировать доход; в таких случаях более ценными являются стимулы, основанные на расходах. Кроме того, этим странам необходимо рассмотреть внедрение Глобального минимального налога (Второй компонент), который окажет существенное влияние на эффективность налоговых стимулов (в особенности основанных на доходах).

Заключение

Для того чтобы Казахстан, Кыргызская Республика и Узбекистан получали надлежащие доходы от освоения запасов критически важных минералов, важно обеспечить соответствие их международной налоговой системы международным лучшим практикам, в частности тем, которые изложены в настоящем отчете. Основные вызовы, с которыми они сталкиваются, связаны с ценообразованием на минералы, финансированием и передачей лицензий на горнодобывающую деятельность. В данной главе представлены страновые рекомендации о том, каким образом каждая из стран может привести свою фискальную систему в соответствие с указанными практиками. При реализации этих изменений доступна различная поддержка, включая онлайн-инструментарии и учебные ресурсы, OECD TPG, публикации с рекомендациями по соответствующим действиям Плана BEPS ОЭСР, а также помощь по наращиванию потенциала со стороны Секретариата ОЭСР и программы TIWB. Решение обозначенных выше задач позволит Казахстану, Кыргызской Республике и Узбекистану максимально использовать выгоды от разработки минеральных ресурсов и укрепить мобилизацию внутренних доходов. Предстоит значительный объем работы, однако отдача от успешных реформ налоговой политики и администрирования в данном секторе будет существенной как для нынешних, так и для будущих поколений граждан всех трех стран. И ОЭСР готова оказывать содействие.

Ссылки

IISD/OECD (2018), *Limiting the Impact of Excessive Interest Deductions on Mining Revenue*, https://www.oecd.org/content/dam/oecd/en/about/programmes/beps-in-mining/limiting-the-impact-of-excessive-interest-deductions-on-mining-revenue.pdf (accessed on 3 March 2026). [12]

IMF (2021), *Tax Avoidance in Sub-Saharan Africa's Mining Sector*, https://www.imf.org/-/media/files/publications/dp/2021/english/tassamsea.pdf. [2]

IMF-OECD-WB-UN (2025), *Tax Incentive Principles*, Platform for Collaboration on Tax, https://www.tax-platform.org/sites/pct/files/publications/Tax-Incentives-Principles.pdf. [22]

OECD (2026), *Country-by-country reporting for tax purposes*, https://www.oecd.org/en/topics/sub-issues/country-by-country-reporting-for-tax-purposes.html (accessed on 29 January 2026). [17]

OECD (2025), *Base erosion and profit shifting (BEPS)*, https://www.oecd.org/en/topics/policy-issues/base-erosion-and-profit-shifting-beps.html. [1]

OECD (2025), *OECD Corporate Tax Statistics*. [18]

OECD (2025), *OECD Investment Tax Incentives Database - 2024 Update*, OECD Publishing, Paris, https://www.oecd.org/content/dam/oecd/en/publications/reports/2025/03/oecd-investment-tax-incentives-database-2024-update_f3a3a175/b0de19dc-en.pdf. [20]

OECD (2025), *Revenue Statistics in Asia and the Pacific 2025: Personal Income Taxation in Asia and the Pacific*, OECD Publishing, Paris, https://doi.org/10.1787/6c04402f-en. [19]

OECD (2025), *Tax and Development Case Study: Strengthening the capacity to tackle tax avoidance in Kazakhstan*. [9]

OECD (2022), *OECD Transfer Pricing Guidelines for Multinational Enterprises and Tax Administrations 2022*, OECD Publishing, Paris, https://doi.org/10.1787/0e655865-en. [3]

OECD (2022), *OECD, Tax and Development Case Study: Tackling multinational tax avoidance in Mongolia*, OECD Publishing. [10]

OECD (2020), *Guiding Principles for Durable Extractive Contracts, OECD Development Policy Tools*, OECD Publishing, https://doi.org/10.1787/55c19888-en. [15]

OECD (2015), *Limiting Base Erosion Involving Interest Deductions and Other Financial Payments, Action 4*, OECD Publishing, https://doi.org/10.1787/9789264241176-e. [11]

OECD (2015), *Neutralising the Effects of Hybrid Mismatch Arrangements, Action 2 - 2015 Final Report*, OECD/G20 Base Erosion and Profit Shifting Project, OECD Publishing, Paris, https://doi.org/10.1787/9789264241138-en. [13]

OECD (2015), *Transfer Pricing Documentation and Country-by-Country Reporting, Action 13 - 2015 Final Report*, OECD/G20 Base Erosion and Profit Shifting Project, OECD Publishing, Paris, https://doi.org/10.1787/9789264241480-en. [16]

OECD (forthcoming 2026), *A Practical Guide to Tax Incentive Policymaking*, OECD Publishing, Paris. [23]

OECD, IISD (2025), *Determining the Price of Minerals: A transfer pricing framework for copper*, https://www.oecd.org/en/events/public-consultations/2025/07/determining-the-price-of-minerals-a-transfer-pricing-framework-for-copper.html. [8]

OECD, IISD (2024), *Determining the Price of Minerals: A Transfer Pricing Framework for Lithium*, https://www.oecd.org/en/publications/determining-the-price-of-minerals_a607ff0a-en.html. [6]

OECD, IISD (2023), *Determining the Price of Minerals: A transfer pricing framework for bauxite*, https://www.oecd.org/en/publications/determining-the-price-of-minerals_91c16436-en.html. [7]

OECD, IISD (2018), *Limiting the Impact of Excessive Interest Deductions on Mining Revenue*. [26]

OECD; IISD (2025), *Ring-Fencing Mining Income: A toolkit for tax administrators and policy-makers*. [21]

OECD; IISD (2023), *Determining the Price of Minerals: A transfer pricing framework*, https://www.oecd.org/en/publications/determining-the-price-of-minerals_de6ec0c5-en.html. [5]

The Central Bank of the Republic of Uzbekistan (2026), *Policy rate*, https://cbu.uz/en/monetary-policy/refinancing-rate/ (accessed on 23 January 2026). [25]

The Platform for Collaboration on Tax (2020), *The Taxation of Offshore Indirect Transfers— A Toolkit*, https://www.tax-platform.org/sites/default/files/publications/PCT_Toolkit_The_Taxation_of_Offshore_Indirect_Transfers.pdf. [14]

The Platform for Collaboration on Tax (2017), *A Toolkit for Addressing Difficulties in Accessing Comparables Data for Transfer Pricing Analyses*. [4]

World Bank Group (2025), *World Development Indicators*, https://databank.worldbank.org/source/world-development-indicators. [24]

Примечания

[1] См. примеры, появившиеся в публичном пространстве в результате административных и судебных споров: Commissioner of Taxation v Glencore Investment Pty Ltd (Австралия), Canada v. Cameco Corporation (Канада) и недавний спор между Southgobi Sands LLC и Советом по разрешению налоговых споров в Монголии

[2] Это предполагает применение пониженной ставки налога у источника в связи с использованием льгот, предоставляемых в рамках двусторонних налоговых соглашений. Полные внутренние ставки, как правило, составляют 15%.

[3] См. также споры Commissioner of Taxation v Glencore Investment Pty Ltd и Canada v. Cameco Corporation

[4] См. следующие разъяснения из OECD TPGs, пункт 2.18, относительно значения термина «котируемая цена»: *термин «котируемая цена» означает цену товара за соответствующий период, полученную на международном или внутреннем товарном биржевом рынке. В данном контексте «котируемая цена» также включает цены, полученные от признанных и прозрачных агентств по ценовой отчетности или статистических агентств, либо от государственных органов, устанавливающих цены, если такие индексы используются независимыми сторонами в качестве ориентира при определении цен в сделках между ними*

[5] См. обсуждение в Руководстве ОЭСР по трансфертному ценообразованию, пункты 2.18–2.21

[6] См. также обсуждение в пунктах 10.76–10.80 Руководства ОЭСР по трансфертному ценообразованию

[7] TIWB – это совместная инициатива ПРООН и ОЭСР, в рамках которой налоговые эксперты направляются по всему миру для оказания помощи развивающимся странам в наращивании потенциала по проведению международных налоговых проверок и расследований посредством работы над реальными делами по налоговым проверкам и уголовным налоговым расследованиям.

[8] См. также споры Chevron Australia Holdings Pty Ltd v Commissioner of Taxation (Австралия), Norway vs Petrolia Noco AS (Норвегия)

[9] См. также ОЭСР (2025), Tax and Development Case Study: Strengthening the capacity to tackle tax avoidance in Kazakhstan, издательство ОЭСР, Париж

[10] См. также ОЭСР (2022), Tax and Development Case Study: Tackling multinational tax avoidance in Mongolia, издательство ОЭСР, Париж, https://www.oecd.org/content/dam/oecd/en/topics/policy-issues/tax-and-development/tackling-multinational-tax-avoidance-in-mongolia.pdf

[11] Многосторонняя конвенция о взаимной административной помощи по налоговым делам была разработана совместно ОЭСР и Советом Европы в 1988 году и изменена Протоколом в 2010 году. В настоящее время, при участии 150 юрисдикций, она является наиболее всеобъемлющим многосторонним инструментом, доступным для всех форм налогового сотрудничества в целях борьбы с уклонением от уплаты налогов и их избежанием.

[12] См. Республика Казахстан, Закон о трансфертном ценообразовании (Закон № 67-IV от 5 июля 2008 года, с изменениями, статьи 10(2) и 13).

[13] Сюда относятся такие минералы как природный урановый концентрат; титановая губка; титановые слитки (включая полученные методом электронно-лучевой плавки); первичные магниевые слитки; природный газ; сырая нефть; газовый конденсат; сера; а также стальная продукция (холоднокатаная, горячекатаная и оцинкованная сталь).

[14] Правила тонкой капитализации ограничивают объем задолженности, по которой проценты подлежат вычету для целей налогообложения. Как правило, вычет процентов ограничивается, если показатель долга компании по отношению к ее активам или собственному капиталу превышает установленное соотношение. Компания считается тонко капитализированной, если уровень ее задолженности значительно превышает собственный капитал (то есть она имеет высокую долговую нагрузку, сильное кредитное плечо).

[15] Прибыль до вычета процентов, налогов, амортизации и износа.

[16] На момент подготовки настоящего отчета около 120 юрисдикций как минимум требовали представления страновой отчетности.

[17] Платформа для сотрудничества по налоговым вопросам разработала набор общих принципов налоговых стимулов (без фокуса на КВМ), призванных помочь разработчикам политики выявлять и обеспечивать возможные социальные выгоды от налоговых стимулов, одновременно избегая связанных с ними рисков (IMF-OECD-WB-UN, 2025[22]). ОЭСР разработала Практическое руководство по инвестиционным налоговым стимулам для поддержки разработчиков политики и практиков в более эффективном проектировании и реализации налоговых стимулов на основе указанных принципов (OECD, 2025[1]).

[18] Инклюзивная рамочная программа ОЭСР/G20 объединяет более 145 стран и юрисдикций

[19] Показатель «налоги к ВВП» отражает объем собранных налогов по отношению к размеру экономики, измеряемому ВВП.

[20] Это может частично отражать проблемы, связанные с измерением неформальной экономики в статистике ВВП Кыргызской Республики, а также рост реэкспортной деятельности с начала 2022 года

[21] Обособление доходов от добычи минералов подразумевает подход, при котором каждая шахта или проект облагается налогом отдельно, а не на консолидированной основе по нескольким шахтам. Это означает, что выручка, вычеты и, в конечном итоге, налоговые обязательства определяются по каждой шахте или проекту отдельно, что предотвращает уменьшение прибыли по одной шахте или проекту за счет убытков по другой.